Modelo Híbrido

Adélio Pereira de Souza Júnior
Clovis Bergamo Filho
Luis Carlos A. Oliveira

Modelo Híbrido
evolução na gestão empresarial
para eficiência e inovação ágil

Rio de Janeiro
2021

Copyright© 2021 por Brasport Livros e Multimídia Ltda.

Todos os direitos reservados. Nenhuma parte deste livro poderá ser reproduzida, sob qualquer meio, especialmente em fotocópia (xerox), sem a permissão, por escrito, da Editora.

Editor: Sergio Martins de Oliveira
Gerente de Produção Editorial: Marina dos Anjos Martins de Oliveira
Editoração Eletrônica: Abreu's System
Capa: Use Design

Técnica e muita atenção foram empregadas na produção deste livro. Porém, erros de digitação e/ou impressão podem ocorrer. Qualquer dúvida, inclusive de conceito, solicitamos enviar mensagem para **editorial@brasport.com.br**, para que nossa equipe, juntamente com o autor, possa esclarecer. A Brasport e o(s) autor(es) não assumem qualquer responsabilidade por eventuais danos ou perdas a pessoas ou bens, originados do uso deste livro.

DADOS INTERNACIONAIS DE CATALOGAÇÃO NA PUBLICAÇÃO (CIP)

S729m Souza Júnior, Adélio Pereira de.
  Modelo híbrido: evolução na gestão empresarial para eficiência e inovação ágil / Adélio Pereira de Souza Júnior, Clovis Bergamo Filho, Luis Carlos A. Oliveira. – Rio de Janeiro: Brasport, 2021.
  240 p. : il. ; 17 x 24 cm.

  Inclui bibliografia.
  ISBN 978-65-88431-32-0

  1. Liderança. 2. Produtividade. 3. Eficiência no trabalho. 4. Administração de pessoal. 5. Inovação. 6. Gestão empresarial. I. Bergamo Filho, Clovis. II. Oliveira, Luis Carlos A. III. Título.

CDU 65.011.4

Bibliotecária responsável: Bruna Heller – CRB 10/2348

Índice para catálogo sistemático:
1. Produtividade / Eficiência / Sucesso / Etc. 65.011.4

BRASPORT Livros e Multimídia Ltda.
Rua Washington Luís, 9, sobreloja – Centro
20230-900 Rio de Janeiro-RJ
Tels. Fax: (21)2568.1415/3497.2162
e-mails: marketing@brasport.com.br
vendas@brasport.com.br
editorial@brasport.com.br
www.brasport.com.br

Agradecimentos

Adélio Pereira de Souza Júnior
Agradeço a todos os que me trouxeram ensinamentos, acadêmicos ou não, ao longo de minha vida, a cada um com quem interagi até hoje em minha carreira, pois todas as experiências trazem oportunidades de aprendizados. E, em especial destaque, faço essa dedicatória para aqueles que me apoiaram de maneira única: meus queridos pais, Adelio (*in memoriam*) e Maria Edite, e minha amada esposa Viviana.

Clovis Bergamo Filho
Dedico este livro especialmente a minha esposa Patricia Sousa Gomes de Oliveira Bergamo, minha filha Sophia Oliveira Bergamo, meus pais Clovis Bergamo e Carmen Duva Bergamo, meus sogros Sergio Gomes de Oliveira e Rute de Sousa Gomes de Oliveira e todos os meus familiares, amigos e profissionais que sempre me apoiaram e incentivaram nesta jornada, e o reconhecimento muito especial ao meu pai Clovis Bergamo que faleceu em junho de 2021 e sempre esteve ao meu lado e sempre estará me apoiando em tudo.

Luis Carlos A. Oliveira
Toda trajetória é construída a partir de empenho, resiliência, estudo, mas, principalmente, do aprendizado advindo daqueles com os quais nos relacionamos ao longo do caminho – nossos mestres, nossos parceiros de trabalho, nossos clientes, nossas referências profissionais e, claro, nossos amigos e familiares, que estão sempre prontos a nos apoiar em todos os desafios. A todos o meu profundo agradecimento e, em especial, à minha esposa Cristiane e à minha filha Thaís, por me inspirarem todos os dias. Vocês foram fundamentais na concretização deste projeto.

Parecer de profissionais de referência de mercado

Amir Hamin – *Head* **de Melhoria Contínua e Transformação Digital –** *Master Black Belt* **da DPA Brasil (JV Fonterra & Nestlé)**
"Os profissionais de excelência operacional devem instigar o inconformismo e, mais do que isso, instigar o crescimento social, intelectual, pessoal e profissional entendendo qual é a zona de conforto das pessoas e ajudando-as a expandi-la. Há muita estereotipagem nesse meio *Master Black Belt*, *Scrum Master*, *Agile Coach*, PMO etc., mas o profissional que toda e qualquer empresa precisa não é um PhD em uso de metodologia ou um pacote de ferramentas, mas sim um profissional que resolva os problemas que estão alinhados à visão dos seus clientes externos e internos. Migrar de uma visão vertical, de silos e de especialista, para o conceito de complementaridade é essencial para as necessidades e a velocidade de que o negócio precisa. Nesse caso, não existe *one size fits all*, e as corporações que permanecem míopes nesse sentido não vivem a realidade do mundo VUCA e certamente estão fadadas ao insucesso.

O ponto de partida pode ser a etimologia da própria palavra método, que vem do grego *methodos*, composta de *meta* e de *hodos*, via ou caminho, ou seja, caminho para a meta. Quando falamos de um conceito híbrido, estamos redescobrindo o atalho para se chegar à meta, e o atalho não está em um único método, mas no poder de concatenar o que há de melhor em cada um deles."

Kelly Andrade – Empreendedorismo e Digital | Lean Seis Sigma – Eurofarma
"Atualmente, é mais evidente e forte a necessidade das empresas de trabalhar com excelência em todas as suas áreas, eliminando desperdícios, criando valor aos seus clientes, gerando empoderamento dos(as) colaboradores(as), reduzindo sua variabilidade processual, custos e resolvendo problemas na raiz. Com isso, várias filosofias e metodologias se entrelaçam. Este livro traz uma reflexão estruturada e disruptiva do que é tradicional, mostrando que é possível a coesão e a coexistência dessas filosofias e metodologias em prol da excelência operacional e organizacional."

Marcelo Barasini – *Master Black Belt*
"Novos desafios organizacionais no contexto do mundo VUCA requerem novas formas de entregar soluções e resultados. Os gestores de projetos e as áreas de negócios precisam entender o tipo de desafio, o ecossistema do projeto ou produto que será criado, e buscar, de forma simples e rápida, maximizar o desempenho do projeto e produto, proporcionar equilíbrio entre previsibilidade e flexibilidade, reduzir os riscos e aumentar a inovação, para entregar melhores resultados de negócio e valor agregado para o cliente. Entendo que o Modelo Híbrido traz às organizações essa possibilidade agregadora, deixando de lado as fronteiras e trazendo sinergia como benefício de cada *framework*, metodologia e *mindset*, focando esforços no resultado inovador e no valor agregado ao cliente."

Parecer de profissionais de referência de mercado   **IX**

Wanderson Felipe Walger – *Master Black Belt*
"Em um mundo em constante evolução, informação *on-line* e tempo cada vez menor, não temos mais a possibilidade de tratamos o mundo VUCA sem sabermos como utilizar melhor a nossa caixa de ferramenta. Pensando nisso, o Modelo Híbrido propicia a escolha da ferramenta adequada, aliando ao fator ágil, potencializando resultados, prazos e reduzindo a ansiedade dos executivos pelo resultado."

Eunice Christina Rodrigues Silva – *Master Black Belt* – Heineken
"Embora seja óbvia a importância do foco em resultado, infelizmente muita energia tem sido aplicada em longas discussões sobre a escolha da metodologia ideal para o gerenciamento de projetos. O pior acontece quando se acredita que uma única é capaz de resolver tudo. Isso é um erro que gera frustração e desperdício. A principal maneira de evitar esse problema é fazer escolhas inteligentes, ou seja, eleger, diante dos objetivos do negócio, quais são as melhores ferramentas e técnicas capazes de apresentar as melhores soluções. Fazer as escolhas certas não é trivial, porém, o Modelo Híbrido pode ajudar."

X Modelo Híbrido

Gustavo Lopes Furtado – Global Director, Management Systems & Transformation at Alpargatas S.A.
"O ágil não resolve todos os problemas do mundo". Ouvi essa frase do Dr. Jeff Sutherland, o grande criador do ágil, em uma conversa em 2018 nos Estados Unidos. Nos meus 20 anos de experiência profissional, passando por três grandes multinacionais, acredito plenamente que não existe uma única abordagem ou modelo metodológico que atenda a todas as necessidades do negócio entregando os resultados esperados.

Por volta de 2014, antes mesmo do mundo começar a falar de VUCA, BANI entre outros conceitos, as empresas, principalmente as "Fast Moving Companies", já vinham enfrentando alguns dilemas e entendendo que as necessidades de uma área de marketing e industrial, por exemplo, são bem diferentes. Com a aceleração da digitalização, geração de dados de uma maneira nunca vista antes e novas gerações de pessoas chegando com um "mindset" digital, essa transformação se potencializou. As empresas mais estruturadas começaram a evoluir e criar modelos híbridos, misturando o clássico *Lean* Six Sigma com *Design Thinking*, *Change Management* e mais recentemente a abordagem ágil. E quem pensa que uma metodologia com bons *templates* e ferramentas apenas basta está errado.

Vi muitas empresas que nos últimos cinco anos decidiram ficar fiéis às suas "raízes metodológicas" falharem. Também vi muitas empresas que migraram de um modelo para outro e que vêm falhando. E vejo empresas que se adaptaram e criaram um modelo híbrido com seu DNA próprio prosperando.

O mundo hoje está conectado como nunca esteve, e a chave do sucesso é sincronizar pessoas, processos e sistemas. As pessoas são os agentes da transformação, sendo assim, capacitar as pessoas usando um modelo de gestão simples e abrangente, promovendo as melhores ferramentas para elas executarem seus trabalhos, é a chave da transformação. E esse modelo simples e abrangente é o Modelo Híbrido."

Apresentação

Em um mundo cada vez mais complexo, os sinais de que um modelo antigo não estava acompanhando as necessidades de algo novo começaram a instigar as pessoas a tentar uma forma radical, disruptiva, inovadora, transformacional com o uso de novas metodologias para eliminar os problemas de forma ágil. Essa necessidade acabou por deixar de lado o olhar para as famosas lições aprendidas e para a eficiência dos processos, causando desconforto entre os profissionais de melhoria contínua em relação à não aceitação da metodologia Six Sigma como algo ultrapassado. Esse desconforto nada mais é do que uma oportunidade para transformarmos e evoluirmos a metodologia de melhoria contínua. Foi possível acompanhar essa oportunidade de perto, não só através do Manifesto do Modelo Híbrido lançado no XI Congresso Internacional Six Sigma em 2019, mas também através de uma nova necessidade dentro do mundo corporativo.

Gostaríamos de tentar ilustrar, de forma simples, como os modelos híbridos são parte do nosso cotidiano com uma analogia entre a área de melhoria contínua e a área médica. De uma forma natural e intrínseca, o médico, assim como os especialistas de melhoria contínua, "D"efinem um objetivo e uma meta para solucionar o problema do seu paciente, "M"edindo e "A"nalisando todas as possíveis causas e informações através dos dados dos exames solicitados ao paciente, e, após suas análises, um plano de ação é iniciado, receitando os remédios adequados na fase de melhor"I"a e contando com que seu paciente execute o plano de ação estabelecido de acordo com seu receituário. Por fim, ainda orienta seu paciente através de um plano de "C"ontrole traçado para que a doença não volte e seja totalmente eliminada. Por vezes, no meio do tratamento, o especialista depara com as complexidades de cada caso e sistema e precisa lançar mão de outros métodos mais invasivos, ou por vezes não possui o conhecimento em uma determinada especialidade e necessita de suporte de outro especialista. Nessa analogia, sabemos que para casos simples serão utilizados ferramentas e métodos simples, e para os de maior complexidade serão feitas intervenções disruptivas e até mesmo inovadoras para solucionar o problema.

A facilidade em diagnosticar qual ferramenta/metodologia utilizar para cada oportunidade encontrada vem com a experiência, através de mentorias de projetos e treinamentos ministrados, e a percepção da necessidade das pessoas que ainda estão no início da caminhada em ter a "receita" de qual ferramenta ou metodologia utilizar.

O Modelo Híbrido não é uma nova metodologia, mas se encaixa como um guia orientativo para que tenhamos um ciclo de melhoria contínua do processo e demonstra que é possível integrar "antigas" e "novas" metodologias, não esquecendo da origem e dos fundamentos de todas elas. O Modelo Híbrido é a caixa de ferramentas para atender à tríade do equilíbrio do negócio: menor tempo, alta qualidade e baixo custo, onde é possível navegar, por exemplo, dentro de um projeto DMAIC com ações que melhorem o processo utilizando um *mindset agile* com entregas de valor em todas as etapas e não somente na etapa de *Improve*. Percebemos grandes mudanças e aceitações em relação a essa mistura e adaptações das metodologias na prática dentro dos projetos de melhoria contínua com os quais trabalhamos. Essa evolução dentro dos projetos foi como um reflexo de mudança cultural baseada na necessidade do mercado e, obviamente, dos clientes. Com certeza, nossas experiências ainda transformarão esse modelo em algo cada vez mais robusto e maduro. O grande desafio é a colaboração entre as especialidades, e o mundo corporativo precisa aproveitar e reconhecer cada especialidade por meio de um Modelo Híbrido, sabendo utilizar cada ferramenta/metodologia com sabedoria, eficiência e de forma inovadora para solucionar problemas cada vez mais complexos.

Prefácio

O mundo mudou.

Eu poderia falar aqui que foi por causa da pandemia, afinal é o "acontecimento do ano", globalmente falando, mas, na verdade, o mundo mudou faz tempo e o coronavírus somente acelerou o processo de mudança. O vírus tornou mais perceptível o que já vinha acontecendo desde, pelo menos, quando eu ainda estava na escola estudando sobre globalização e, mais tarde, na faculdade, estudando sobre digitalização.

A continuidade do crescimento econômico mundial depende de empresas cada vez mais eficazes, eficientes e velozes na entrega de valor. Resiliência virou um mantra e *business agility* uma necessidade, quer você goste disso ou não. E não estou falando de um ou outro método, estou falando de: adaptação, inovação, entrega e captura de valor. Tudo isso de maneira fluida, quer você seja uma pequena *startup* em uma garagem de Palo Alto ou uma grande corporação às margens da Berrini. Enquanto no passado você podia (será?) levar anos em P&D para então fabricar e colocar um produto no mercado, hoje isso deve ser reduzido em meses ou semanas.

Isso nos traz desafios: saber "o quê" e "como" fazer em tempos jamais vistos antes. Temos de aprender a cruzar dados, mesclar métodos, colocar ordem no caos e não apenas buscar o *time to market*, mas o *time to value*.

Sim, porque nossos clientes estão cada vez mais exigentes também.

A geração de nativos digitais, aquela que nasceu com acesso à internet, já é consumidora e foi criada em meio a bancos que não cobram tarifas, motoristas particulares chamados por aplicativos e varejistas brigando para ter sua atenção aonde quer que esteja, virtual ou fisicamente.

Querer colocar um novo produto ou serviço no mercado, e ter sucesso com ele, não é mais para amadores. E novamente: a pandemia só acentuou isso.

Desde Ford, e provavelmente antes dele (não me julgue, sou das exatas, não das humanas), já se buscavam métodos, técnicas e formas de ter eficácia e eficiência na produção e execução de bens e serviços. Foram criados tantos métodos e técnicas para conduzir projetos de novos produtos, empresas e negócios que é impossível fazer uma lista de maneira a não deixar nenhuma lacuna, afinal "amanhã" teremos sempre mais um método para incluir, cada qual com suas características, suas nuances, e com um *problem-solution fit* que fez ou que ainda faz sentido em determinadas circunstâncias. E é aqui que está o "pulo do gato" para os líderes de projetos.

Estar atento aos detalhes, observando e "sempre alerta", como diriam os escoteiros, é justamente a primeira característica fundamental para que, então, se consiga dar a resposta apropriada, escolher a ferramenta certa, aplicar o método mais adequado e até mesmo antever novas mudanças. Dentro dos métodos ágeis, chamamos essa postura de *pragmatic agility*.

Para um prego, um martelo. Para um parafuso, uma chave de fenda.

Compreende o que quero dizer?

E se o que eu tiver de construir for uma casa inteira, muito possivelmente precisarei de uma caixa de ferramentas bem vasta, certo?

E assim como em meio à pandemia tivemos de encontrar, cada país, cada estado e cada município do mundo, o caminho para conter o avanço e "achatar a curva" de propagação do vírus, cada empreendedor e intraempreendedor teve e ainda tem de encontrar como lidar com toda essa transformação pela qual estamos passando e que só tende a acelerar.

E se tudo que você sabe usar é apenas um "martelo", está na hora de mudar para sobreviver.

A proposta deste livro que você tem em mãos é ousada: convencer o leitor, possivelmente um líder de projeto, que a "sua verdade atual" não para em pé sozinha. Que o "tradicional" não é o método de quem veio antes de você, mas o pensamento de que existe alguma "bala de prata" ou "panaceia" em termos de gestão de projetos.

Através de uma abordagem pragmática, inclusiva e coerente, os autores trazem não apenas reflexões sobre o *modus operandi* falho de boa parte dos líderes de projetos atuais, como propõe métodos de combinar técnicas, práticas e metodologias de diferentes escolas para alcançar o real objetivo de trabalharmos com projetos: entregar valor para nossos clientes.

Pois, ao final do dia, não importam as siglas na sua assinatura de e-mail, o cargo em inglês no seu crachá ou se você trabalha com planilhas ou BI (*Business Intelligence*). Somente importa se você obtém resultado com a forma como trabalha. Resultado para você, sua empresa e seus clientes.

O mundo mudou. E continuará mudando.

E me sinto muito tentado a fazer mais uma última analogia com a pandemia, pois é tudo que a mídia menciona atualmente, tornando difícil pensar em outra coisa. Na data em que escrevo esse prefácio ainda não temos uma cura, pessoas morrem todos os dias devido a essa doença terrível e o retorno à "normalidade" (será?) é o desejo de todos.

A única certeza que tenho em meio a esse período tão incerto é que não vamos passar por isso usando uma única ferramenta, um único remédio ou uma única forma de pensar para resolver os problemas que surgem todos os dias.

E quem fala o contrário, que existe um Santo Graal para gestão de projetos em algum livro, em alguma esquina ou em algum método, está sendo tolo. Ou está tentando lhe vender algo.

Fique esperto!

Um abraço e sucesso.

Luiz Fernando Duarte Júnior
Agile Coach & Software Specialist
DLZ Tecnologia

Sumário

Introdução 1

1. A evolução das metodologias de excelência 5
   1.1. Metodologias de excelência 6
      1.1.1. Qualidade e produtividade (eficiência) 7
      1.1.2. Inovação 14
      1.1.3. Gerenciamento de projetos 16
   1.2. Conclusão 25

2. O mundo VUCA/BANI e a seleção das metodologias 26
   2.1. Mundo VUCA/BANI 26
   2.2. O projeto 34
      2.2.1. O "como" e o "o que" de um projeto 35
      2.2.2. A seleção das metodologias 36

3. O modelo híbrido para atender ao mundo VUCA/BANI 42
   3.1. Metodologia cultuada x metodologia(s) adequada(s) 42
   3.2. Outra vez o mundo VUCA/BANI 45
   3.3. Modelos híbridos de metodologias – conceito 49
   3.4. Modelos híbridos de metodologias – exemplos e discussões 50

4. O modelo híbrido alavancando a gestão das organizações 60
   4.1. Visão, missão etc. 60
   4.2. O mundo VUCA/BANI de novo... 64
   4.3. Abordagens ágeis 65
   4.4. Organizações ambidestras 69
   4.5. Ah... as estruturas 71
   4.6. O profissional das áreas de excelência ou inovação 77

5. DMAIC híbrido 78
   5.1. Ciclo iterativo – DMAIC híbrido 78
      5.1.1. Identificar 79
      5.1.2. Priorizar 79
      5.1.3. Implementar 79

- 5.2. Reflexões sobre eficiência metodológica 80
- 5.3. Dinâmica do ciclo iterativo 82
  - 5.3.1. Identificar 82
  - 5.3.2. Priorizar 83
  - 5.3.3. Implementar 88
- 5.4. Papel do ciclo iterativo híbrido 94

6. Define híbrido 95
- 6.1. Modelo híbrido aplicado ao Define 96
- 6.2. Composição de metodologias e ferramentas 96
- 6.3. Ciclo iterativo Define híbrido 99
  - 6.3.1. Identificar 99
  - 6.3.2. Priorizar 105
  - 6.3.3. Implementar 107

7. Measure híbrido 111
- 7.1. Modelo híbrido aplicado ao Measure 112
- 7.2. Reflexões sobre eficiência metodológica 112
- 7.3. Ciclo iterativo Measure híbrido 113
  - 7.3.1. Identificar 114
  - 7.3.2. Priorizar 122
  - 7.3.3. Implementar 124

8. Analyze híbrido 128
- 8.1. Modelo híbrido aplicado ao Analyze 130
- 8.2. Ciclo iterativo Analyze híbrido 130
  - 8.2.1. Identificar 131
  - 8.2.2. Priorizar 142
  - 8.2.3. Implementar 144

9. Improve híbrido 147
- 9.1. Modelo híbrido aplicado ao Improve 148
- 9.2. Ciclo iterativo Improve híbrido 149
  - 9.2.1. Identificar 149
  - 9.2.2. Priorizar 163
  - 9.2.3. Implementar 166

10. Control híbrido 169
- 10.1. Modelo híbrido aplicado ao Control 170
- 10.2. Ciclo iterativo Control híbrido 171
  - 10.2.1. Identificar 171
  - 10.2.2. Priorizar 179
  - 10.2.3. Implementar 182

11. *Case* – Modelo híbrido.. 187
   11.1. *Case* Coolgel... 187
      11.1.1. A empresa Coolgel.. 187
      11.1.2. Contexto e desafios para a empresa.............................. 187
      11.1.3. Identificação de projetos... 188
   11.2. Seleção da metodologia 189
   11.3. Resolução do *case* com o modelo híbrido 190

12. Modelo híbrido – a evolução.. 191
   12.1. O cenário atual: inovação e renovação 191
   12.2. Modelo híbrido: ajustado ao cenário mundial........................... 194
      12.2.1. Flexibilidade, agilidade e ganhos 194
      12.2.2. Experiência atual 196
      12.2.3. *Re-skilling* e mudança cultural (*mindset*)...................... 197
      12.2.4. Desenvolvimento e retenção de talentos...................... 201
   12.3. Capacitação no modelo híbrido.. 202
      12.3.1. Treinamentos 202
      12.3.2. *Coaching* 205
      12.3.3. Consultores internos e externos 206
   12.4. Evolução mundial e organizacional e o modelo híbrido............ 208

Bibliografia 210

Currículo dos Autores... 213

Introdução

Em 2001, em Snowbird, Utah, nos EUA, um grupo de 17 pessoas de renome na área de tecnologia da informação se reuniu para discutir uma nova abordagem para a gestão de projetos de desenvolvimento de software. Eles tinham como objetivo resgatar práticas para planejamento, desenvolvimento e entrega de sistemas em um modelo mais ágil que se chamava na época de "método leve".

Um dos resultados desse encontro foi a criação do Manifesto Ágil, que expressava a seguinte visão:

> - Indivíduos e iterações mais que processos e ferramentas
> - Software em funcionamento mais que documentação abrangente
> - Colaboração com cliente mais que negociação com contratos
> - Responder a mudanças mais que seguir um plano

Essa inovadora forma de desenvolver projetos passou a ser chamada de **métodos ágeis** e trouxe um propósito maior e sintonizado com as necessidades do cliente e focado na entrega contínua de valor durante o desenvolvimento de uma solução ou na resolução de um problema.

Essa nova abordagem propiciou significativos ganhos de produtividade, qualidade e redução de custo para o processo de desenvolvimento de software.

Em uma realidade caracterizada por grandes transformações em ritmo acelerado, os métodos ágeis oferecem uma metodologia apropriada e moldada para os desafios de sobrevivência atribuídos a profissionais e suas organizações.

Concomitantemente, novas metodologias surgiram buscando alavancar o aprimoramento de processos, produtos e serviços, em uma modelagem disruptiva e inovadora.

2 Modelo Híbrido

Um bom exemplo é o *Design Thinking*, utilizado para solucionar problemas complexos de produtos, serviços e processos de forma inovadora, tendo foco na empatia e centralidade do cliente/pessoas e apoiado no trabalho em equipe em um formato colaborativo, interativo e criativo.

Os métodos ágeis e o *Design Thinking* propiciam uma renovação nas metodologias vigentes de gestão, melhoria contínua e inovação. Eles oxigenam os modelos correntes de desenvolvimento de projetos ao incorporar uma dinâmica mais flexível e adaptativa às demandas mutantes de nosso tempo.

Quando o Six Sigma surgiu, ocorreu inicialmente uma certa competição com o *Lean Manufacturing*, que estava sendo amplamente utilizado. A integração se consolidou amparada pela robustez e sinergia do amplo escopo de ferramentas proporcionado por cada metodologia. O *Lean* Six Sigma, nas últimas décadas, tem sido utilizado como estratégia para a excelência operacional das empresas líderes de mercado.

Nesse cenário surge a necessidade de formulação de um modelo que integre métodos ágeis e *Design Thinking* com *Lean* Six Sigma. A sinergia potencial oriunda da complementaridade dessas abordagens requer um método integrador e catalisador que proporcione aos programas de melhoria a possibilidade de usufruir, simultânea e amplificadamente, dos ganhos e benefícios de cada metodologia.

Diante dessa demanda, assumimos o desafio de estruturar um modelo diferenciado que viabilizasse integrar eficazmente as três metodologias. Para orientar as ações dessa empreitada, adotamos as seguintes premissas a serem seguidas durante todo o desenvolvimento do projeto: manter os fundamentos dos métodos ágeis, promover e estimular a inovação, instrumentalizar para propiciar uma aplicação prática e permitir flexibilidade para incorporar novas metodologias emergentes.

Assumimos também a missão de fornecer elementos que auxiliem na construção de uma cultura baseada no trinômio eficiência, agilidade e inovação na concepção e gestão dos projetos de melhoria.

Essa jornada permitiu testar e criar conceitos, métodos e abordagens integradoras resultando em um **Modelo Híbrido** que harmoniza a utilização de *Lean* Six Sigma, métodos ágeis e *Design Thinking* visando racionalizar recursos e potencializar resultados ao desenvolver projetos de melhoria.

Pudemos aprimorar conceitos e fundamentos nessa vivência e inclusive estabelecer o seguinte manifesto do Modelo Híbrido:

- A necessidade de resultados do negócio vem antes da definição de metodologias a serem implementadas.
- Indivíduos e iterações acelerando e otimizando eficazmente o uso de metodologias e ferramentas.
- Entrega contínua de melhorias na execução de projetos mais do que seguir planos de melhoria.
- Construir fluxo contínuo de valor para os clientes mais do que melhorias pontuais.
- Adaptabilidade à eficácia das ações de melhoria mais do que seguir o sequenciamento de ferramentas.

Nossa experiência tem mostrado que alcançar e sustentar a excelência em processos, produtos e serviços requer das organizações cultura e prática da melhoria contínua, tempo, um amplo escopo de metodologias eficazes, capacitação e engajamento das pessoas.

Esperamos que os conceitos do Modelo Híbrido sintetizado neste livro contribuam para a evolução das metodologias de excelência, bem como apresentem caminhos, soluções e *insights* para que profissionais e organizações ganhem competências e aptidões para se adaptar às rápidas mudanças e superar os grandes desafios apresentados nessa realidade de grandes transformações.

Sucesso para todos e juntos somos fortes.

1. A evolução das metodologias de excelência

Ao longo do tempo, diversas metodologias têm sido estabelecidas visando o aumento de excelência nas organizações. Porém, a diversidade de metodologias é tão grande que se torna difícil para os líderes entenderem o objetivo de cada uma delas, para que possam selecionar a mais adequada de acordo com a situação.

A complexidade é tão grande que até mesmo deveríamos ter escrito metodologia entre aspas. Por quê? Porque nem todas as "metodologias" são metodologias. Algumas são descritas como filosofias, outras como *frameworks*, roteiros, padrões etc. Isso gera uma grande quantidade de "discussões filosóficas".

Além disso, a palavra "excelência" também gera discussões. Conforme a compreensão de quem usa o termo, ele pode estar relacionado com: eficiência, operações industriais, todos os processos de uma organização, "qualidade", inovação, efetividade (eficiência e eficácia, englobando inovação) etc.

Assim, se as próprias palavras "metodologia" e "excelência" já geram discussões acaloradas, pode-se imaginar a dificuldade em buscar uma compreensão quando se juntam essas palavras na mesma expressão: "metodologias de excelência"!

Para auxiliar os líderes de negócios e todos os que estão envolvidos com "metodologias de excelência", este livro traz informações sobre aplicação, objetivo, descrição, histórico e evolução de "metodologias" de grande relevância nas organizações. Além disso, indicamos uma técnica objetiva de como selecionar a(s) metodologia(s) mais adequada(s) a utilizar de acordo com a situação.

No parágrafo anterior, usamos o "s" dentro de parênteses. O que isso quer dizer? É que em diversas situações o mais apropriado é utilizar mais do que uma única metodologia. Até mesmo dentro de um projeto, para alcançar um resultado com efetividade (eficiência e eficácia, o que inclui inovação), muitas vezes o mais adequado é o uso de distintas metodologias: uma que traga eficiência, outra que proporcione inovação e outra que traga a gestão em si do projeto.

O uso de diversas metodologias associadas, de forma a alcançar a efetividade, é o que chamamos de **modelo híbrido de metodologias**. Esse modelo suporta projetos de forma a trazer eficiência e inovação ao mesmo tempo. Mas, mais do que isso, capacita as pessoas a pensar tanto em eficiência (ou melhoria) como em inovação, e isso é a base para o estabelecimento de organizações ambidestras, que são as mais bem preparadas para tirar proveito desse mundo atual chamado de VUCA ou BANI (comentaremos em detalhes sobre seus significados, impacto e como atuar nesse contexto mais adiante), pois conseguem inovar com sucesso ao mesmo tempo em que mantêm ou aumentam a eficiência de todos os seus processos, até o de inovação.

Neste livro, vamos detalhar o modelo híbrido relacionado a eficiência, inovação e gestão ágil. Veremos em detalhes, por meio de um *case*, como esse modelo pode ser aplicado em um projeto. Também traremos o impacto desse modelo nas organizações de forma a impulsionar a capacidade ambidestra de uma organização.

Esse modelo híbrido representa uma evolução na forma de aplicar as metodologias e, em um mundo de contínuas mudanças e evoluções, é isso que se espera que ocorra com as metodologias que suportam os negócios. Assim, neste capítulo, veremos a evolução, aplicação e convergência de distintos métodos de excelência que estão relacionados à melhoria (eficiência), ao gerenciamento de projetos e à inovação.

1.1. Metodologias de excelência

Existem diversas filosofias, metodologias, padrões e ferramentas de excelência em uso, as quais têm, na maioria dos casos, objetivos e campos de aplicação distintos.

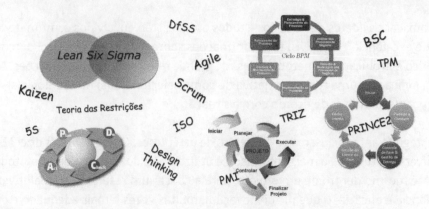

Uma metodologia indica "como" algo deve ser efetuado para atingir um determinado objetivo dentro de um cenário específico. Dessa maneira, ela indica: os princípios a aplicar, as abordagens a utilizar, como selecionar as ferramentas mais adequadas, os papéis e as responsabilidades. Isso significa que a seleção da metodologia a ser utilizada é algo fundamental, pois os resultados irão variar em função dessa escolha.

Neste capítulo e por todo o livro, para a facilidade de leitura, utilizaremos muitas vezes o termo "metodologias" em referência ao conjunto de filosofias, metodologias, padrões e ferramentas. Da mesma maneira, utilizaremos o termo "excelência" em referência ao nível utopicamente elevado de efetividade, ou seja, eficiência e eficácia, o que envolve também inovação. Dessa forma, poderemos utilizar, de maneira genérica, o termo "metodologia de excelência" para uma filosofia, metodologia, padrão etc. relacionado com eficiência, inovação ou gestão de projetos.

Na sequência veremos uma consideração geral sobre "metodologias de excelência" de grande relevância para os seguintes campos de interesse: qualidade e produtividade (eficiência), inovação e gerenciamento de projetos.

Essa visão geral nos permitirá ter uma compreensão sobre a principal razão para utilizar cada uma dessas metodologias.

1.1.1. Qualidade e produtividade (eficiência)

Quando os objetivos de um projeto estão relacionados intrinsecamente com qualidade e/ou produtividade (melhoria ou aumento de eficiência), as metodologias mais amplamente utilizadas são o *Lean*, o Six Sigma e o *Lean* Six Sigma, assim como o PDCA, o qual muitas vezes é relacionado com o *Lean*. Por isso veremos esses métodos na sequência.

1.1.1.1. PDCA (*Plan, Do, Check, Act* – Planejar, Executar, Verificar, Agir)

A origem do PDCA ocorre através do Ciclo de Shewhart, proposto no final da década de 1930, divulgado e adaptado por Deming, especialmente no Japão a partir da década de 1950, quando ganhou o formato atual.

No escopo do TQM (*Total Quality Management*), o PDCA se tornou uma metodologia para o ciclo de gerenciamento de uma atividade e, finalmente, passou a ser aplicado como um grande aliado do *Lean* e quase que como uma base natural para a sua implantação. Nas últimas décadas, esse ciclo ganhou mais detalhamentos, ou até etapas, em função do autor. Por exemplo, passou a conter tipicamente oito fases dentro das etapas principais, englobando o MASP (Método de Análise e Solução de Problemas) e suas ferramentas.

Atualmente, o PDCA é visto como uma metodologia inicial de solução de problemas que serve como uma base importante na jornada da excelência, pois auxilia no modelo mental de como buscar soluções e melhorias.

1.1.1.2. Lean

O *Lean* atualmente é encarado como algo que transcende a uma metodologia e chega a ser uma filosofia, pois nele se permeia a mentalidade de não aceitar desperdícios nos processos. Isso se difunde por toda a organização, com impactos em sua cultura.

O desenvolvimento do que se chama *Lean* se deu ao longo de todo um século e se trata de uma sequência de evoluções de conceitos, métodos, ferramentas e do uso delas em busca, primariamente, de produtividade. Nesse conceito, a qualidade certamente é muito importante, porém, ela é encarada como um fator alavancador para a produtividade e não o resultado ou alvo final a ser alcançado.

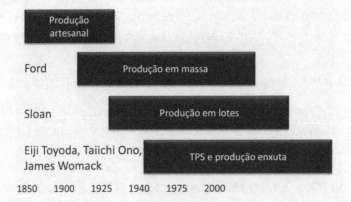

Na época da Revolução Industrial, a produção era artesanal e com uma baixa produtividade. Porém, na década de 1890, Frederick W. Taylor desenvolveu os princípios do Estudo de Tempos e Padronização do Trabalho. Isso permitiu que, em 1909, Henry Ford desenvolvesse a chamada Linha de Produção Móvel e Mecanizada na produção de automóveis, o que aumentou muito a produtividade. No entanto, a flexibilidade da linha de produção era muito baixa para permitir variabilidade nos modelos de carros fabricados. Para minimizar essa dificuldade, Alfred Pritchard Sloan Jr. (presidente da General Motors de 1923 a 1937) desenvolveu a produção em lotes, que trouxe maior variedade nas linhas de produção de automóveis e com bons níveis de produtividade mantidos.

Em 1937 foi criada a Toyota Motor Company e nela Kiichiro Toyoda criou o conceito do *just-in-time*, que foi depois aperfeiçoado por Taiichi Ono a partir da década de 1940. Com isso, a Toyota começou a buscar como produzir lotes cada vez menores e com maior flexibilidade em suas linhas de produção, o que reduzia estoques e aumentava a produtividade ao mesmo tempo, com qualidade no nível de excelência.

Na década de 1980 a Toyota trouxe para os Estados Unidos, em colaboração com a GM (General Motors), o que foi chamado de *Toyota Production System*. Na década de 1990, os autores James Womack e Daniel Jones publicaram a obra "The Machine that Changed the World", um livro clássico que trouxe detalhes de toda essa história, conceitos e aplicações práticas dessa filosofia, a qual eles denominaram "Lean Manufacturing" (muitas vezes traduzido por "produção enxuta"), pois todos os processos deveriam ser sem "gorduras", sem desperdícios, com uma abordagem de "volta ao básico", para que pudesse ser alcançado um alto nível de produtividade com alta flexibilidade entre os itens produzidos, baixos estoques, custos reduzidos, boa qualidade, melhoria contínua, engajamento da força de trabalho envolvida etc. A partir dessa publicação, tornaram-se mais claras as etapas da aplicação do *Lean* dentro de um processo, conforme indicado na figura seguinte.

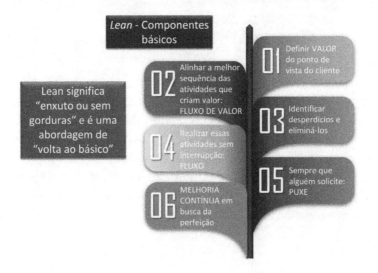

Já na década de 1990, esses conceitos se expandiram além das portas das fábricas e começaram a ser aplicados em áreas transacionais (compras, RH etc.) e empresas de serviços (bancos, hospitais, telefonia etc.), e essa aplicação começou a ser chamada de *Lean Office*. Para o final da década de 2000, o *Lean* passou a ser aplicado dentro de organizações em todas as suas cadeias de valor internas e suas inter-relações (até externas), e então foi criado o termo *Lean Enterprise*.

Esse avanço do *Lean* pelas diversas áreas de uma organização também levou ao chamado "Gerenciamento *Lean*", no qual os processos passam a ser geridos de acordo com os seus **mapas de cadeia de valor** e não mais de forma departamentalizada; as métricas se tornam claras, gerenciadas, com alvos definidos, com informação visível e disponível em toda a cadeia de valor; são estabelecidos níveis de reuniões para gerenciamento diário, semanal, mensal etc., que alinham toda a organização para a melhoria contínua por meio da gestão alinhada com os objetivos estratégicos do negócio.

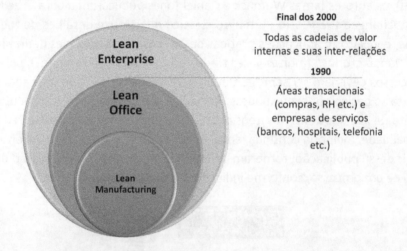

Atualmente, naquilo que é chamado de "Lean" nas organizações se veem vários métodos, ferramentas e conceitos englobados como: 5S, PDCA, TPM (*Total Productive Maintenance*), Zero Defeito, Zero Acidente, *Kaizen, Kanban, Jidoka*, MASP, *just-in-time* etc. Essa grande junção de ferramentas e a sua vasta aplicação alçaram o *Lean* ao nível de filosofia. A falta dessa compreensão é um dos principais fatores de falha na implantação do *Lean* nas organizações, pois isso leva a uma visão focada em ferramentas em vez de uma visão sistêmica do funcionamento do *Lean* – e, assim, este não se mantém perene ao longo do tempo.

1.1.1.3. Six Sigma

Essa metodologia foi idealizada e aplicada na Motorola e na Texas Instruments ao final da década de 1980. O foco inicial era a melhoria dos índices de qualidade das áreas produtivas, pois, mesmo após diversos esforços, esses índices apresentavam evolução insatisfatória.

Porém, como a consequência esperada dessa melhoria nos índices de qualidade era uma redução dos custos, o Six Sigma nasceu com forte viés de medição de resultados financeiros, com critérios bem definidos e claros sobre o que, como, quem, por que, quando e por quanto tempo medir esses resultados. Esse forte enfoque na medição de resultados financeiros não ocorre em outras metodologias, como o *Lean*, e isso se tornou um diferencial importante do Six Sigma, fazendo com que os "savings" (ou ganhos) dos projetos sejam sempre acompanhados e evidenciados.

Os primeiros resultados financeiros advindos do uso do Six Sigma pela Motorola foram bem observados por outras empresas, como GE, Allied Signal, Bombardier e Nokia, que a partir do início da década de 1990 aperfeiçoaram o Six Sigma e passaram a aplicá-lo por toda a organização com foco em obter vantagem competitiva no mercado. Os resultados financeiros novamente expressivos (da ordem de bilhões de dólares) fizeram com que rapidamente o Six Sigma fosse adotado por diversas empresas, de ramos industriais e de serviços, como Du Pont, Amex, Bank of America etc. Ao final da década de 1990 e início da de 2000 o Six Sigma era comumente chamado de a "nova tecnologia".

Desde o início, o Six Sigma trouxe uma metodologia com passos bem definidos para a resolução estruturada de problemas e melhoria contínua: o chamado DMAIC, do inglês *Define* (Definir), *Measure* (Medir), *Analyze* (Analisar), *Improve* (Melhorar) e *Control* (Controlar), constitui as etapas de avanço de um projeto e estabelece o modelo mental lógico para acompanhamento dentro das organizações.

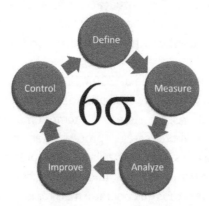

Esse método indica o que alcançar em cada etapa do projeto e como fazer isso através do uso de uma sequência típica de ferramentas gráficas, práticas e analíticas, as quais cumprem objetivos específicos de acordo com a etapa dos projetos. As ferramentas qualitativas e quantitativas utilizadas no Six Sigma já eram conhecidas e utilizadas, porém não necessariamente na mesma sequência do DMAIC e nem com os mesmos objetivos.

Com o objetivo de melhorar os índices de qualidade de um produto ou serviço, o foco principal do Six Sigma é a redução da variação de resultados, ou da dispersão, em torno do resultado desejado. Essa menor variação de resultados traz maior previsibilidade e um processo mais capaz de entregar os serviços e produtos de acordo com os valores desejados. Assim, uma mudança significativa trazida pelo Six Sigma foi a quebra do paradigma do "99% bom é bom!", pois a metodologia indica claramente qual o nível de capabilidade de um processo antes e depois do projeto.

A metodologia passou por evoluções importantes ao longo do tempo, especialmente no que se refere à sua aplicação e ao objetivo final, e essas etapas são normalmente sinalizadas como:

Geração	Foco/Principal evolução
1	Reduzir defeitos e melhorar qualidade
2	Reduzir custos
3	Aumentar vendas e *market share*
4	Uso de *analytics tools* (*big data*), modelagens dinâmicas, preditivas e cognitivas

1.1.1.4. *Lean* Six Sigma

Durante a década de 1990 e início da de 2000 era muito comum encontrar praticantes de *Lean* ou de Six Sigma que não tiravam proveito da sinergia entre as metodologias e nem mesmo promoviam isso. Essa situação causava até mesmo dificuldades dentro das organizações que adotavam ambas as metodologias, porém, de forma separada, às vezes até com estruturas diferentes e, não raro, conflitantes.

Porém, a partir de meados da década de 2000, ficou muito claro que *Lean* e Six Sigma se convergiam e se potencializavam: o *Lean* por trazer maior produtividade e o Six Sigma por trazer melhor qualidade. Assim, nessa fusão, temos uma metodologia que visa trazer resultados mais rápidos e melhores para um processo. Cada metodologia suporta a outra exatamente na sua parte mais frágil: não adianta ser rápido na entrega de um produto e não ter qualidade, assim como não adianta o produto ser de excelente qualidade e ser entregue atrasado. Necessitamos do conjunto: mais rápido e melhor: *Lean* e Six Sigma.

Porém, *Lean* Six Sigma não significa ter ambas as metodologias em uso, mas uma verdadeira fusão delas, o que permite, durante as etapas de um projeto DMAIC, o uso concomitante de diversas ferramentas típicas do *Lean*, assim como dentro de um *Kaizen* utilizar diversas ferramentas típicas do Six Sigma. Essa junção das metodologias nos leva a utilizar a ferramenta que melhor se ajuste às necessidades e aos objetivos, sem se importar se a origem dessa ferramenta é o *Lean* ou o Six Sigma. O mesmo ocorre com a definição do tipo de abordagem a adotar: se será aplicado um projeto DMAIC ou um *Kaizen* dependerá apenas de fatores como complexidade do tema, prévio conhecimento da solução etc. E dentro de um projeto DMAIC pode ser utilizado um *Kaizen* para acelerar etapas, assim como um *Kaizen* pode tirar proveito de um projeto DMAIC.

Com *Lean* Six Sigma, tipicamente passa-se a ter pessoas que conhecem ambos os métodos e conseguem avaliar como e quando utilizar o melhor deles de acordo com as distintas situações. Por exemplo, se um processo ainda não sofreu ações de melhoria, então tipicamente as primeiras ações a efetuar deveriam ser as mais relacionadas com *Lean*, de forma a remover desperdícios, retrabalhos e etapas que não agregam valor, para daí fazer melhorias com Six Sigma nas etapas que agregam valor e que estão mais isentas de desperdícios. Se a abordagem for ao contrário, primeiro Six Sigma e depois *Lean*, corre-se o risco de se efetuar uma melhoria em uma etapa do processo que, mais à frente, seria identificada como uma etapa que não agrega valor.

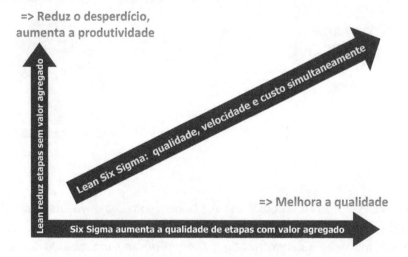

14 Modelo Híbrido

Essa abordagem, mencionada no parágrafo anterior, abre a oportunidade para que os treinamentos em *Lean* Six Sigma (*White, Yellow, Green, Black* e *Master Black Belt*) sejam elaborados tendo em conta um crescente de complexidade e profundidade a partir das ferramentas mais simples de *Lean* em direção às ferramentas mais complexas de Six Sigma. Isso permite que uma grande parcela de uma organização possa passar por treinamentos que seguirão uma lógica de aplicação.

1.1.1.5. Avanço na aplicação das metodologias de excelência para produtividade e qualidade

Quando as organizações iniciam a jornada da excelência em relação à produtividade e qualidade elas encontram várias metodologias. Uma forma lógica de evolução no uso destas está indicada na figura a seguir, que mostra uma analogia com as frutas de uma árvore, que representam as oportunidades ou problemas a resolver. Quanto mais alto na árvore, ou quanto mais complexo e difícil o alcance da oportunidade ou a resolução do problema, de maior complexidade deverá ser a metodologia e/ou ferramenta a aplicar. Essa ilustração também serve como uma indicação do avanço típico na implantação das metodologias dentro de uma organização e o que se alcança com elas.

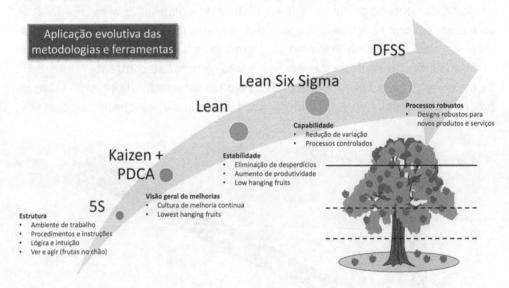

1.1.2. Inovação

Acabamos de verificar "metodologias" que tinham como objetivo encontrar soluções para melhorar a eficiência de algo existente; agora veremos como podemos encontrar soluções de inovação. Falaremos sobre o *Design Thinking*, um método que auxilia na busca direta de soluções criativas e inovadoras de problemas ou para a criação de novos produtos e serviços.

1.1.2.1. Design Thinking

A abordagem do *Design Thinking* (DT) proporciona inovação por meio de experimentos para quando negócios visam trazer nova solução de serviço ou produto baseado em nova tecnologia para os seus clientes.

Os conceitos iniciais do *Design Thinking* surgiram na década de 1960 e o termo em si foi estabelecido em 1969, no livro "The Sciences of the Artificial", de Herbert Simon. Depois, em 1973, Robert McKim estabeleceu em seu livro "Experiences in Visual Thinking" muitas das ideias que sustentam o *Design Thinking* nos dias atuais. Mas, apesar dessa história de mais de 50 anos, somente em 2005 foi estabelecido um curso formal de *Design Thinking*, na Stanford School of Design. Desde então, a metodologia tem se expandido por escolas e organizações dos mais diversos ramos.

O DT é especialmente útil quando há uma alta complexidade envolvida na análise do problema ou da oportunidade em questão e, nesse caso, apesar da existência de relações de causa e efeito, elas chegam a ser complexas demais para serem definidas. Isso ocorre notadamente em ambientes com grande multiplicidade de visões e fatores, onde as interações, inclusive humanas, são muitas e complexas, com pensamentos pluralistas, e fazer previsões com bom nível de confiança nesses cenários é algo praticamente impossível. Daí a necessidade do uso de experimentação em direção à própria inovação em si mesma.

Através da experimentação promovida no DT, é possível identificar o que funciona ou não para o novo serviço ou produto a ser entregue antes de despender todos os recursos necessários (pessoal, custo, tempo etc.) na sua implantação. Assim, a inovação é otimizada antes de seu lançamento, ou seja, o DT permite "pensar grande, falhar rápido, falhar pequeno e acertar grande".

O método DT, por meio de um processo composto de cinco etapas, permite a idealização, a construção e a aplicação de experimentos, que serão testados pelo público-alvo da inovação, de forma a trazer *feedbacks*, melhorias, conclusões e definições em direção às novas soluções (inovações).

As cinco etapas do DT são:

1. **Empatia:** identificar e entender quem é o público-alvo da inovação, criar a(s) "persona(s)", fazer entrevistas, buscar, pensar e sentir o que sentem as personas (seu público).
2. **Definição (foco):** definir o escopo de forma a ter clareza sobre o que se deseja resolver com base na interpretação obtida da fase anterior.
3. **Idealizar:** buscar soluções criativas por meio de *brainstormings* sem regras, pensar fora da caixa e, ao final, priorizar as ideias.
4. **Prototipar (construir):** criar um modelo, um demo ou um protótipo que, mesmo sendo simples, possa ser testado e avaliado.
5. **Testar (entregar):** efetuar testes com pessoas do público-alvo e identificar impedimentos, pontos de melhoria e *feedback* geral sobre a experiência que tiveram. Retornar aos passos 3 e/ou 4 até ter novo protótipo que enderece os *feedbacks* obtidos no teste.

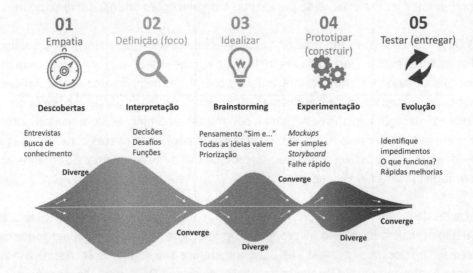

1.1.3. Gerenciamento de projetos

Vimos nos itens anteriores metodologias que auxiliam na busca de soluções de eficiência ou de inovação, ou seja, apoiam a encontrar o "o quê" implantar. E para auxiliar em "como" implantar o "o quê" identificado como solução é que temos o apoio de outra disciplina de excelência, o **gerenciamento de projetos**, o qual pode ser "tradicional" ou conforme "métodos ágeis". Comentaremos primeiro sobre o modelo tradicional no qual o padrão PMI e o método PRINCE2® exercem papéis relevantes. Porém, surgem as questões: qual dessas abordagens utilizar e quais as diferenças?

O PMI (*Project Management Institute*) é uma associação profissional sem fins lucrativos que visa normalizar e padronizar a metodologia de gestão de projetos. Também promove e fomenta a maturidade em gerenciamento de projetos, e para isso publica padrões em gerenciamento de projetos (*PMBOK® Guide – Project Management Body of Knowledge* – guia de melhores práticas que está em sua sexta edição) e emite certificações profissionais em gerência de projetos, chamadas *Project Management Professional* (PMP®) e *Certified Associate in Project Management* (CAPM®). Essa instituição possui mais de 500.000 membros distribuídos em mais de 170 países.

O *PMBOK® Guide* 6ª edição indica os grupos de processos a utilizar de acordo com o ciclo de vida de um projeto.

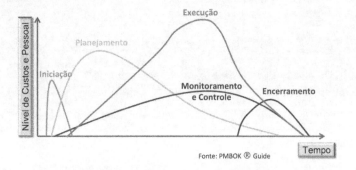

Fonte: PMBOK ® Guide

Assim, no PMI temos, para um projeto de uma única fase, o seguinte ciclo, que se repetirá se houver outras fases:

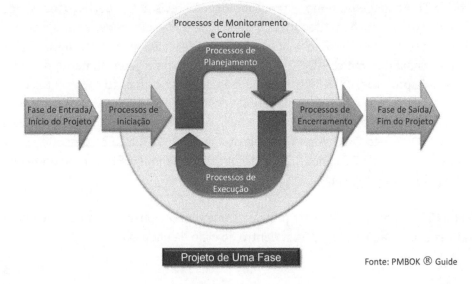

Fonte: PMBOK ® Guide

Esses grupos de processos tratam de 10 disciplinas distintas e chegam a um total de 49:

	Iniciação	Planejamento	Execução	Monitoramento e Controle	Encerramento	Σ
Escopo		4		2		6
Cronograma		5		1		6
Custos		3		1		4
Qualidade		1	1	1		3
Recursos		2	3	1		5
Partes Interessadas	1	1	1	1		4
Aquisições		1	1	1		4
Comunicações		1	1	1		3
Riscos		5	1	1		7
Integração	1	1	2	2	1	7
Total	2	24	10	12	1	49

Base: PMBOK ® Guide – 6ª. Edição

O PRINCE® (*Projects In Controled Environment*) foi originalmente desenvolvido em 1989, no Reino Unido, para ser aplicado como padrão de gerenciamento de projetos de TI. Ao longo do tempo, a metodologia foi revisada e aperfeiçoada, sendo desenvolvido um novo método melhorado e mais eficaz que poderia ser aplicado a qualquer projeto. Em 1996, foi lançado o PRINCE2® pelo governo britânico (*Office of Government Commerce* – OGC) como um método para gerenciamento de todos os tipos de projetos. PRINCE2® é o método de gerenciamento de projetos mais utilizado no mundo e tem praticamente o dobro de profissionais certificados em comparação com a certificação PMP do PMI. A última revisão foi publicada em 16 de junho de 2009 pelo OGC. A partir de agosto de 2013, o PRINCE2® passou a ser de propriedade da AXELOS Limited, porém a utilização do PRINCE2® nas organizações é livre (não há que se pagar).

O PRINCE2® é baseado em sete princípios que proporcionam um modelo de boas práticas e orientações obrigatórias dentro do ciclo de um projeto.

A evolução das metodologias de excelência **19**

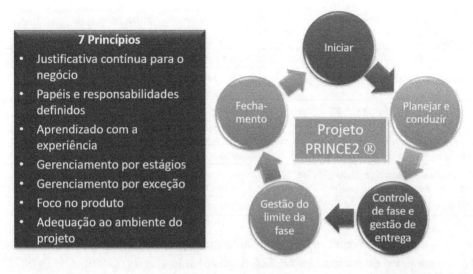

Fonte: AXELOS Limited

O PRINCE2® considera sete temas relacionados com esses princípios, que descrevem aspectos do gerenciamento de projetos que devem ser tratados de forma contínua e, em paralelo, ao longo de toda a duração do projeto, que são: *Business Case*, Organização, Qualidade, Riscos, Planos, Mudanças e Progresso.

Fonte: AXELOS Limited

Ao comparar o padrão do PMI com o método PRINCE2®, notamos uma complementariedade entre o "o que" e o "como".

PMI	PRINCE2®
É um padrão	É uma metodologia
Diz o que fazer	Diz como fazer
Baseado em processos, ferramentas e técnicas	Baseado em princípios, processos, temas e adequação do projeto
49 processos em dez áreas de conhecimento	Sete processos, sete temas e sete princípios
Plano único de gerenciamento do projeto do início ao final	Gerenciamento por estágios é um dos princípios básicos
O principal responsável pelo sucesso ou fracasso é o gerente do projeto	O principal responsável pelo sucesso ou fracasso é o Comitê Diretor do Projeto
Possui mais ferramentas	Melhor governança

Por isso, uma prática comum no gerenciamento de projetos dentro das organizações é o uso conjunto do método PRINCE2® com o padrão e as ferramentas do *PMBOK® Guide* (PMI). A utilização dessa complementariedade permite excelente abordagem, com visão ampliada do gerenciamento de projetos, no qual o "o que" e o "como" se tornam claros e consistentes. Assim, um profissional da área de excelência não deveria ser um adepto de PRINCE2® ou *PMBOK® Guide*, como se houvesse alguma competição entre eles, mas sim ter conhecimento de ambos e saber como utilizá-los em conjunto de forma a obter os melhores benefícios dessa complementaridade.

1.1.3.1. *Agile*

Veremos neste item a filosofia do *agile* (ou ágil) e na sequência o *Scrum* (um *framework* baseado no ágil), que estão mais relacionados à gestão de projetos de inovação.

Metodologias de excelência têm sido aplicadas na busca de ações de inovação ou como suporte delas. O *agile* (uma filosofia de gerenciamento e desenvolvimento) e o *Scrum* (um *framework* de gestão de projetos baseado no *agile*) se encaixam nesse contexto, pois muitas vezes são aplicados em um ambiente em que se busca uma inovação ou especialmente a implantação de uma.

A filosofia *agile*, ou ágil em português, foi concebida no início de 2001 por um grupo de 17 conceituados desenvolvedores de software que se reuniu para aprimorar conceitos e metodologias ágeis existentes e formular o "Manifesto para o Desenvolvimento Ágil de Software", composto por quatro valores, que determinam o que deve ser priorizado, e 12 princípios.

A evolução das metodologias de excelência 21

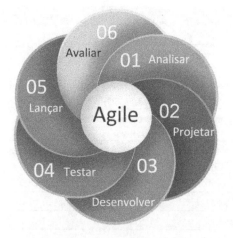

O desenvolvimento de um projeto nessa filosofia segue uma abordagem de planejamento iterativa, na qual as diversas etapas do projeto são chamadas de iterações, com entregas contínuas, incrementais e de valor para o cliente, mesmo sem ter sido alcançado produto "final 100%".

Essa filosofia, que foge dos tradicionais métodos de gerenciamento de projetos, consolidou-se nos últimos anos como uma alternativa para atender às demandas de clientes e projetos de forma dinâmica, flexível e com grande aumento de produtividade, um ambiente muito tipicamente encontrado em projetos de inovação, especialmente aqueles que envolvem o uso de tecnologia digital.

Um método clássico de gerenciamento de projetos se aplica muito bem quando o produto ou o serviço deve ser entregue em sua totalidade, ou seja, é necessário ter o projeto totalmente concluído para que o cliente usufrua todo o seu valor. Por outro lado, a filosofia *agile* atende com excelência aos projetos que, com um conjunto mínimo de funcionalidades entregues, já servem para solucionar parte da necessidade do cliente e, ao ser entregue em parte, já representa uma diferença valorosa. A sequência do projeto pode continuar a avançar até um ponto indeterminado de aperfeiçoamentos e/ou novas funcionalidades no serviço ou produto final, que pode nem ser "final".

Por isso, a figura a seguir auxilia no entendimento das diferenças entre a aplicação de um método clássico de gerenciamento de projeto e o *agile*.

	Tradicional	Agile
Exemplo de projeto	Prédio	Aplicativo
Participação do cliente	Principalmente no início do projeto	Ao longo de todo o projeto
Tipos de contratos	Cronograma bem delimitado	Base horas de trabalho ou por etapa concluída
Flexibilidade com mudanças	Escopo fechado no início do projeto	Projeto mutável ao longo do desenvolvimento
Custos	Sem surpresas, custo fechado no escopo do projeto	Custo agregado com as etapas do projeto
Entregas	Total no final do projeto	Parciais e funcionais
Documentação	Completa e detalhada	Enxuta e elaborada nas etapas
Equipes	Todos os tamanhos	Pequenas

Quando comparamos um método tradicional de gestão de projetos com a filosofia *agile*, observamos abordagens distintas que servem a objetivos distintos, com seus benefícios em suas distintas aplicações. Novamente, nota-se a necessidade de o profissional de excelência compreender as distintas abordagens de gestão de projetos e não se fixar sempre em uma única, pois, dessa maneira, poderá indicar à sua organização qual método utilizar e até como combiná-los em projetos que talvez necessitem de distintas abordagens em etapas ou tarefas intermediárias.

1.1.3.2. *Scrum*

Trata-se de um *framework* (estrutura) de gestão de projetos baseado no Manifesto Ágil. É um dos modelos mais amplamente adotados dentro da filosofia *agile*. Conforme definido no Guia do *Scrum* 2017, por Ken Schwaber e Jeff Sutherland, o *Scrum* é um *framework* para desenvolver, entregar e manter produtos complexos. Guarde a palavra "complexo" e veremos mais tarde (Capítulo 2) que um produto ser considerado simples, complicado ou complexo está relacionado com a metodologia a utilizar para sua entrega. Também é especialmente importante ter em mente que o *Scrum* não é um processo técnico, um método definitivo ou ainda uma metodologia que tem como finalidade identificar soluções. Em vez disso, mais uma vez, é um *framework* dentro do qual você pode empregar vários processos ou técnicas.

Isso significa que o *Scrum* fornece o meio ou o "como" empregar uma outra técnica ou método. Por exemplo, o modo *Scrum* de conduzir um projeto pode ser aplicado de forma a estruturar a aplicação de uma metodologia, como o DMAIC, e suas entregas. Ter esse conceito em mente será importante para entender um projeto com métodos híbridos no Capítulo 4.

Ilustrativamente, o *Scrum* poderia ser assemelhado ao chassi de um carro, e o motor desse carro seria a metodologia que foi colocada para girar dentro dessa estrutura. Isso é indicado pelo próprio Guia do *Scrum* ao mencionar que *Scrum* é um *framework* dentro do qual as pessoas podem tratar e resolver problemas complexos e adaptativos, enquanto produtiva e criativamente entregam produtos com o mais alto valor possível. Para fazer isso, o *Scrum* fornece a estrutura e a disciplina para o desenvolvimento ágil de um projeto, com a execução por meio de iterações (passo a passo), chamadas de *Sprints*, que variam entre 1 e 4 semanas, proporcionando alta flexibilidade e com pequenas equipes e etapas.

No *Scrum*, três papéis são claramente identificados:

- ➤ **Product Owner (dono do produto):** atua como o dono do projeto, pois tem a responsabilidade de definir as prioridades a serem desenvolvidas em cada *Sprint* e ser o intermediador entre a área de negócios e a equipe *Scrum*.
- ➤ **Scrum Master:** garantidor do uso da metodologia e responsável por apoiar a equipe *Scrum* e remover os obstáculos para a execução da *Sprint*.
- ➤ **Scrum Team (equipe Scrum):** são as equipes de desenvolvimento, as quais idealmente devem ser pequenas e conter membros multidisciplinares.

Cada *Sprint* é composta de:

- ➤ **Sprint Planning:** é o planejamento do que será desenvolvido dentro de cada *Sprint* de acordo com a priorização a ser feita do *product backlog* – as funcionalidades desejadas para o produto/serviço que ainda devem ser entregues/desenvolvidas.
- ➤ **Daily Scrum:** reunião diária, tipicamente de até 15 minutos no máximo, na qual cada membro do *Scrum Team* deve relatar o que foi efetuado no dia anterior, o que deve ser efetuado hoje e obstáculos a remover para isso.
- ➤ **Sprint Meeting Review:** reunião de revisão e análise das entregas efetuadas ao final de cada *Sprint* e atualização do *product backlog* para a próxima *Sprint*.
- ➤ **Sprint Retrospective:** reunião realizada após a *Sprint Meeting Review* e anteriormente à *Sprint Planning*, para que seja discutido um plano de melhorias para corrigir possíveis problemas identificados e definir ações de melhoria contínua.

24 Modelo Híbrido

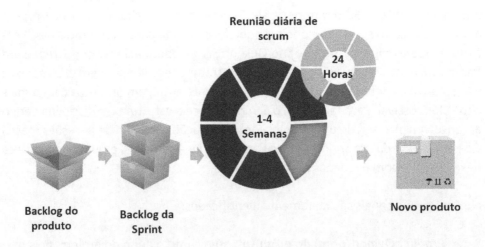

As entregas parciais a cada *Sprint* do *Scrum* permitem que o projeto seja construído aos poucos e novas funcionalidades possam ser integradas de acordo com as prioridades de mercado, as quais podem mudar ou ter o conhecimento sobre elas alterado ao longo do próprio projeto. E essa flexibilidade para acomodar mudanças no decorrer do projeto proporciona redução de custo e tempo, com consequente maior competitividade às organizações que utilizam *Scrum*.

Novamente, o especialista em excelência deve conhecer quando e como aplicar o *Scrum*, pois, além de não se tratar de uma metodologia conflitante com outras, ele pode e é muitas vezes utilizado dentro de soluções híbridas de gestão de projetos, onde uma gestão tradicional pode tratar de um produto total que deve ser entregue 100% pronto, porém, que é composto por elementos que podem ser entregues parcialmente de maneira evolutiva ao longo do projeto.

De forma a atender à gestão de projetos em um ambiente, o ágil, o PMI e a AXELOS (PRINCE2®) desenvolveram novos materiais e certificações como o PRINCE2 *Agile*® e o PMI *Agile Certified Practioner*. Alinhado com esse cenário, o descritivo do *PMBOK® Guide* 7ª edição[1] menciona a necessidade que os profissionais têm agora de identificar a abordagem de entrega certa (preditiva, adaptativa ou híbrida) para fazer o trabalho e entregar valor. O *PMBOK® Guide* 7ª edição reflete essa flexibilidade e ajuda o profissional a gerenciar o projeto para entregar valores que possibilitem os resultados previstos. E isso, mais uma vez, reforça a necessidade contínua de aprendizagem, atualização e evolução do conhecimento do especialista de excelência.

---

[1] <https://pmisp.org.br/pmbok-guide/>.

1.2. Conclusão

Conforme indicado neste capítulo, as distintas metodologias analisadas se inserem em contextos específicos, com objetivos e práticas distintas.

Isso significa que essas metodologias devem ser e são aplicadas simultaneamente dentro de um ambiente de negócios que busca melhorar a qualidade, aumentar a produtividade, trazer inovações ao mercado e gerenciar os projetos de forma a alcançar esses objetivos.

Não é incomum encontrar uma empresa que utilize diversas metodologias de excelência ao mesmo tempo. Porém, isso nos leva diretamente a alguns questionamentos:

- Como selecionar a metodologia mais adequada a aplicar para cada caso? Por exemplo, em um projeto de melhoria de qualidade e produtividade, deveria ser utilizado o PDCA, o *Lean* ou o *Lean* Six Sigma? Quando um determinado projeto deveria utilizar um método clássico de gerenciamento ou o *Scrum*? Quais parâmetros podem nos auxiliar nessa escolha?
- Como essas metodologias interagem? Seria possível haver uma mistura entre elas e, assim, uma atuação simultânea dentro de um mesmo projeto? Seria possível e adequado utilizar híbridos entre essas metodologias?
- Como uma empresa deve gerir sua área de excelência? Com uma única metodologia principal? Com o nome de uma única metodologia? Como departamentos distintos por metodologia, do tipo "Departamento *Lean* Six Sigma"?
- Como a evolução das metodologias e de sua utilização simultânea dentro de uma empresa afeta os profissionais relacionados às metodologias de excelência? Como essa evolução afeta os especialistas das metodologias? Deveríamos esperar ter especialistas que advoguem uma única metodologia?
- Como modelos híbridos podem suportar o estabelecimento de organizações ambidestras?

Essas perguntas serão respondidas ao longo dos próximos capítulos.

2. O mundo VUCA/BANI e a seleção das metodologias

Para atuar com êxito em mundo de contínuas mudanças e evoluções, a paralisia em repetidas aplicações da mesma metodologia, o tempo todo, não é a alternativa mais efetiva. Por isso, a compreensão do cenário atual e seu impacto na seleção das metodologias mais adequadas a cada situação serão os temas principais deste capítulo.

2.1. Mundo VUCA/BANI

O mundo atual é caracterizado pela sua volatilidade, incerteza, complexidade e ambiguidade. Daí vem a sigla VUCA, do inglês: *Volatility, Uncertainty, Complexity and Ambiguity*. Mas o mundo atual é tão mutável que até a sigla VUCA talvez esteja com os seus pés no passado. Em 2018, o antropólogo e historiador Jamais Cascio, professor da Universidade da Califórnia e membro do *Institute for the Future*, exibiu em um evento deste instituto a sigla BANI (do inglês *Brittle, Anxious, Nonlinear, Incomprehensible*) e em abril de 2020 em seu artigo publicado na www.medium.com, ele frisou como esse mundo BANI está presente: com mudanças mais amplas, intensas, frequentes, disruptivas, desorientadoras etc. Mais à frente neste item voltaremos a comentar sobre o mundo BANI.

A volatilidade no mundo se evidencia por meio da elevada taxa de mudanças: conceitos, necessidades, cenários, expectativas, desejos, tecnologias etc. As incertezas ocorrem não somente sobre o futuro, como também sobre o presente, pois algo pode já ter mudado e não termos dado conta disso. O presente não é a simples continuidade do passado. Há rupturas constantes entre um e o outro. Devido a isso, temos múltiplos fatores-chave a analisar para cada decisão a tomar, o que aumenta a complexidade referente a qualquer tema. E a falta de clareza de algo complexo gera a ambiguidade sobre o verdadeiro significado dos eventos.

Nada escapa desse mundo em constante mudança: nem mercados, nem clientes, nem fornecedores, nem os negócios. Tudo é impactado, ora mais profundamente, ora menos. Algo irrelevante hoje pode desaparecer no futuro ou se tornar fundamental, mas também pode continuar sendo apenas irrelevante indefinidamente.

Como lidar com esse cenário VUCA?

Para ser bem-sucedido nessa situação de volatilidade, incerteza, complexidade e ambiguidade do mundo atual é necessário buscar condições que funcionem como antídotos dessas adversidades. Vamos comentar sobre cada um desses aspectos.

A volatilidade requer ser hábil em responder rápido às mudanças. Porém, melhor do que cultivar essa habilidade é se antecipar às volatilidades e ser o agente que estabelece as mudanças. Para conseguir atuar dessa maneira é preciso ter visão. Somente assim é possível uma antecipação de ação ou mesmo o estabelecimento de mudanças que gerarão volatilidades para quem não estava preparado para isso. Assim, o primeiro antídoto essencial no mundo VUCA é **visão**.

Para combater a incerteza, a falta de clareza do cenário atual, é necessário aplicar o antídoto **entendimento**. O uso de uma visão compartilhada significa construir, colaborativamente, através de pluralidade de visões, entendimento unificado de um evento para todo o grupo e, por trazer mais informações e detalhes do que traria um único ângulo de visão, permite, ao mesmo tempo, entendimento mais profundo, amplo e coeso, minimizando as incertezas.

A complexidade advinda dos múltiplos fatores-chave a considerar para cada tomada de decisão exige a busca de clareza quanto ao que é mais relevante em cada situação e contexto. Para isso é necessário o envolvimento interativo dos indivíduos relativos ao evento como um todo, sejam eles clientes, fornecedores ou executores de um processo. Esse envolvimento interativo, muitas vezes, pressupõe mais do que entrevistas, pois pode significar a efetuação de simulações, testes e *mock-ups*. Tudo isso em prol do antídoto **clareza** para minimizar os efeitos da complexidade.

Por fim, a ambiguidade normalmente é paralisante para a tomada de decisões, pois a falta de clareza do significado de um determinado evento não nos permite responder à pergunta: "o que esse fato quer dizer e a que nos leva?". A ausência de resposta a essa pergunta ou a ambiguidade da resposta, muitas vezes com contradições e antagonismos nela mesma, potencializam a probabilidade de decisões equivocadas ou a ausência de decisões. A agilidade é um fator fundamental para combater a ambiguidade e trazer objetividade, pois através da promoção de iterações incrementais é possível identificar as entregas realmente valorizadas pelos clientes e aí empreender as decisões e ações que nos levem a uma direção mais acertada. A agilidade nas iterações é muito bem suportada por entregas incrementais de valor, pois entregas iterativas (em diversos ciclos, fases, etapas ou *sprints*) permitem rápida avaliação e ajustes. É o famoso "testar pequeno, errar pequeno e acertar grande", em vez de efetuar uma única entrega final que venha a ser totalmente rejeitada.

A figura mostra graficamente esse cenário VUCA com suas características e antídotos:

O termo VUCA já está em uso desde o final da década de 1980, tendo sido cunhado pelas Forças Armadas norte-americanas para ilustrar o mundo que estava surgindo de um cenário pós-Guerra Fria. No início da década de 2000 esse conceito se popularizou pelas organizações e auxiliou na criação de estratégias disruptivas. Mas o mundo VUCA, pelo que significa, não poderia ser algo perene, ele também deveria evoluir para algo novo.

O termo BANI é um acrônimo do inglês *Brittle, Anxious, Nonlinear, Incomprehensible* e, em tradução livre, temos em português: frágil (ou quebradiço, segundo alguns articulistas preferem), ansioso, não linear e incompreensível. Vamos comentar um pouco sobre isso.

A fragilidade se evidencia em sistemas que de uma hora para outra podem ter falhas com efeitos catastróficos: bancos, vendas via web, redes sociais, sites de busca, previdência social, eleições, controladores de voos, redes de transportes, redes elétricas, criptomoedas etc. As coisas se quebram, se desfazem, de maneira quase que instantânea: um vírus para o mundo, o *Brexit* muda uma região econômica, uma praga acaba com uma plantação, uma "postura inadequada" de uma corporação destrói o seu valor na bolsa etc. Enfim, aquilo que parece sólido, estável, se desvanece, o perigo inesperado nos ronda.

A ansiedade torna-se uma consequência direta da fragilidade do mundo atual, da incerteza se o "normal" existirá amanhã ou se esse é um conceito do passado. Essa ansiedade afeta as pessoas e as organizações: senso generalizado de urgência, necessidade de absorver as novas tecnologias, identificar novos competidores com novas abordagens, não ficar para trás, disruptura contínua etc.

O efeito conjunto da fragilidade e da ansiedade é a não linearidade das ocorrências: não se consegue predizer o futuro baseado no passado e nem no presente. A causa e o efeito parecem desconectados ou totalmente desproporcionais, uma decisão ou ação aparentemente pequena pode ter um efeito avassalador e o contrário também pode ser verdadeiro. Não se consegue ter uma previsibilidade de eventos na linha do tempo. Um exemplo é a questão da pandemia: vai ter vacina? Vai ser para todos? Qual das vacinas tomar? Por quanto tempo a vacina vai imunizar? A vacina ainda funciona quando ocorre mutação do vírus? Qual a frequência de mutação? Poderíamos pensar ainda em muitas outras perguntas e cada resposta distinta tem o potencial de mudar drasticamente o cenário e não se consegue estabelecer uma lógica linear de planejamento.

A junção de tudo isso nos leva à incompreensão em todos os níveis: do mundo, das empresas, das instituições políticas, da sociedade etc. Não se consegue compreender o que está ocorrendo e menos ainda as suas causas e a relevância destas para o todo. A sobrecarga de informações e de dados tem levado, de forma paradoxal, à incompreensão. São tantas coisas a avaliar, como hipóteses, cenários, dados etc., que não conseguimos responder aos "por quês?".

O mundo BANI é a "evolução" do mundo VUCA:

- ➢ O que era volátil deixou de ser confiável.
- ➢ Não é só a insegurança, agora é a ansiedade também.
- ➢ As coisas não são apenas complexas, mas passaram a obedecer a lógicas não lineares.
- ➢ O que costumava ser ambíguo parece ser incompreensível hoje.

Certamente haverá quem defenda a existência do mundo VUCA, ou do BANI, ou de uma transição entre eles em alguns cenários, e essa discussão ainda está no princípio, mas a incerteza está presente nessa discussão também. E quem acredita que essa discussão levará a uma verdade inalterável? Por isso, para darmos seguimento ao tema principal do livro, vamos utilizar a expressão "VUCA/BANI" de forma a considerarmos esse efeito sobre os projetos e a seleção de metodologias.

Anteriormente à condição VUCA/BANI atual, vivíamos no que se chama hoje a "era da eficiência", na qual a principal tarefa era utilizar os recursos disponíveis ao seu melhor nível, com o mínimo de custo e o máximo de produtividade. A obtenção dessa "eficiência" era possível, pois as pessoas obtinham mais rapidamente o conhecimento e o domínio sobre um tema do que ele era capaz de se alterar. O que se desejava obter no processo e os recursos a serem utilizados nele permaneciam relativamente constantes ao longo do tempo, o que permitia às pessoas ganharem conhecimento sobre o processo, seus recursos e os resultados esperados. Com isso, eram efetuadas especialmente ações de aumento de produtividade, melhoria de qualidade e redução de custos.

A situação hoje é outra: as inovações nos processos, recursos e nos produtos esperados estão mais rápidas do que a capacidade das pessoas entenderem todo o contexto e poderem atuar para melhorar. Quando as pessoas chegam à conclusão sobre como melhorar um processo, talvez o produto resultante desejado já seja outro diferente daquele que existia quando os estudos de melhoria foram iniciados. Assim, em um mundo VUCA/BANI, às vezes há melhorias sendo efetuadas em processos de itens que já não interessam mais. Seria como aumentar a produtividade do processo de fabricação de DVDs e depois descobrir que essa mídia foi substituída por *pen drives*, que foram substituídos por armazenamento em nuvem.

Na era da eficiência, o grande requerimento era o gerenciamento, pois ele indicava, por meio de KPIs (*Key Performance Indicators*) muito bem identificados e medidos, quais as melhorias mais importantes a efetuar ou quais as melhores oportunidades a buscar. Era uma questão de identificar os KPIs, medi-los corretamente, fazer um acompanhamento na periodicidade adequada, identificar desvios indesejados ou tendências e priorizar ações para aumentar a produtividade de áreas (administrativas, industriais etc.) e das vendas em si mesmas.

Atualmente, os KPIs recém identificados poderão não ser os mesmos do próximo mês, pois os requisitos dos clientes, os produtos desejados, os processos ou os meios para obter os produtos, qualquer um desses, ou todos esses, ou ainda outros itens que impactem esses poderão ter mudado; e aí, ao utilizar velhos KPIs, as decisões serão sobre um mundo que já não existe mais e não adianta fazer melhorias nele, pois fará parte do passado.

Os OKRs (*Objectives and Key Results*) das organizações podem até ser os mesmos na era da eficiência e no mundo VUCA/BANI, porém, além de os KPIs já não serem necessariamente os mesmos entre essas duas eras, também serão voláteis e mutáveis no novo normal que vivemos. O papel do gerenciamento, via *dashboards*, com os mesmos KPIs fixos ao longo de um período, torna-se obsoleto. Em um mundo em ebulição, os KPIs se alternam, surgem novos e outros desaparecem.

Na era da eficiência, o caminho por onde uma organização segue ou deveria seguir ficava cada vez mais bem estabelecido, com seus OKRs e KPIs, conforme eram efetuados trabalhos de aumento de conhecimento dos processos envolvidos na entrega dos produtos e serviços. Esses caminhos eram como estradas que se iniciavam em piso de terra e evoluíam até se tornarem bem asfaltadas e sinalizadas; em casos de extrema excelência, a trilha inicial poderia evoluir até se tornar um trilho, com tudo muito bem definido e padronizado. Esses caminhos, com o avanço do conhecimento e de uma boa implantação de ações gerenciais, tornavam-se bem definidos, com o local onde se queria chegar, o que se deveria medir, a frequência de medição, o que fazer para se manter dentro da estrada e às vezes existiam até sinais de alerta.

Porém, no mundo atual, os caminhos já não são tão estáveis. Os KPIs mudam com maior frequência e assim os controles devem, mais do que ser ajustados como eram anteriormente, até mesmo ser mudados. Estamos não mais em uma estrada que vai de um piso de terra até um bom asfalto com o avanço contínuo do conhecimento. Esse cenário se foi. Estamos em um barco a vela no mar, as correntes mudam constantemente e o que deve ser ajustado também: leme, peso, inclinação, velas etc. A importância relativa desses fatores varia entre eles e, dependendo da situação, torna-se significativa (KPIs) ou irrelevante. O norte, o destino a alcançar, é conhecido, ou seja, os OKRs estão bem estabelecidos e estáveis, porém isso não é uma verdade em relação aos KPIs. Na próxima viagem, os KPIs variarão de maneira diferente, pois o ambiente no qual o barco a vela está inserido muda constantemente. Será necessário medir novamente o ambiente, testar novamente as alternativas e atuar, fazendo isso muitas vezes ao longo da viagem, pois as condições externas do ambiente, como o mar e vento, e até as internas, como o próprio barco e sua tripulação, todas variam o tempo todo, e isso leva à necessidade de medições, experimentações e ajustes. Em um cenário VUCA/BANI, o barco segue na direção correta; porém, não como um voo na velocidade de cruzeiro, mas como um barco a vela com ajustes recorrentes e avanços incrementais diferentes para cada ajuste.

Esse cenário VUCA torna a liderança um grande requisito atual, pois é necessário direcionar e redirecionar as pessoas constantemente para os corretos KPIs do momento e manter o foco no verdadeiro norte ou até alterá-lo, o que se torna factível em situações radicais. Para isso é necessário que o líder conheça as técnicas e métodos que o suportarão em suas análises e decisões.

Anteriormente, buscava-se reduzir o *range* de variação dos KPIs, ou seja, reduzir a dispersão de resultados dos KPIs. Atualmente, além dessa dispersão continuar a existir, há também uma variação entre quais são os KPIs do momento. Se na era da eficiência técnicas analíticas eram importantes para identificar e estabilizar os KPIs, atualmente essas técnicas ganham ainda maior relevância, pois a identificação e a estabilização dos KPIs se tornam algo mais recorrente e que devem ser efetuadas de maneira rotineira de forma a permitir a atuação correta nos KPIs acertados.

Na era da eficiência, um restaurante tinha que se preocupar, dentre outros KPIs, com preços, custos, produtividade e "qualidade" dos itens e serviços. No mundo VUCA/BANI esses fatores não desapareceram e muitas vezes podem ainda ser KPIs, mas surgiram muitos outros fatores decorrentes de inovações: como o restaurante é encontrado em buscadores, mapas e guias (Google, Google Maps, Waze etc.), como se posiciona e aparece em redes sociais (Facebook, Instagram, WhatsApp etc.), como é avaliado pelos clientes na internet, se está ou não aderido a programas de fidelidade, como trata a questão de inclusão social de minorias etc. Em determinados momentos do ambiente geral onde o restaurante está inserido, esses outros fatores podem se tornar peça-chave para o sucesso ou o fracasso. Porém, é necessário identificar os fatores relevantes e atuar sobre eles. Capacidade analítica se torna ainda mais significativa em um mundo VUCA/BANI, de forma a evitar uma sobrecarga de dados e informações por se identificar e coletar o que é relevante.

Essa situação é ainda mais clara quando se trata de produtos e serviços vendidos através de lojas virtuais. KPIs como preço, disponibilidade e velocidade de entrega são extremamente importantes em lojas físicas; porém, em lojas virtuais são agregados outros fatores que podem ainda ser mais relevantes em alguns momentos e muito menos óbvios como: site preparado para *smartphone*, sentido de rolagem de página no *smartphone*, cores utilizadas, facilidade de acessar o carrinho, facilidade de cadastro, sugestão de outros itens, disponibilidade de avaliação do produto, sugestão de especialista, facilidade de uso do site, formas de pagamento, horários de colocação de ofertas, tráfego no site da loja, índice de conversão de vendas, engajamento nas redes sociais, ofertas específicas por nicho de cliente etc. Em sites podem ser efetuados inúmeros testes do tipo A/B, os quais serão analisados por técnicas estatísticas como 2-sample-t, ANOVA, DOE etc., que trarão a indicação dos fatores mais relevantes (KPIs) para o momento atual. Assim, a capacidade analítica se faz ainda mais presente no mundo VUCA/BANI.

Na era da eficiência se identificavam os principais fatores e até mesmo se estabelecia uma equação (ou um algoritmo) que explicasse uma boa parte dos resultados obtidos, e essa ferramenta era utilizada como forma de prever resultados. No mundo VUCA/BANI, esse algoritmo deve ser dinâmico e autoalimentar-se de forma a continuamente identificar os fatores mais relevantes, os quais deveriam estar na equação, e calcular os seus coeficientes. Se antes bastava uma equação obtida com uma regressão (múltipla ou não), atualmente se faz necessário um trabalho de análise de dados (*analytics*) e algoritmo autoensinado (*machine learning*).

Conclui-se que os métodos de análise utilizados para o mundo da eficiência não necessariamente serão os melhores para um mundo mutante, pois este necessitará de, com maior frequência, identificar os fatores críticos e suas importâncias relativas, o que implica em mais experimentação, como testes A/B, análises mais complexas (*big data*) e algoritmos mais poderosos com *machine learning*.

O mundo da eficiência permitia fazer um filme da situação e entender todo o cenário, a história do filme, ao longo dos mesmos personagens: os mesmos KPIs e fatores críticos. E com isso se buscava a melhor eficiência dentro do mesmo cenário e personagens. O mundo VUCA/BANI não nos dá o tempo de fazer o filme do mesmo cenário e personagens. Todos eles variam, até ao mesmo tempo. Podemos somente tirar fotos do momento ou, no máximo, um pequeno vídeo, se tudo não mudar antes e necessitarmos, com habilidade, usar essa foto ou o reduzidíssimo vídeo para tirar conclusões e atuar para prosseguir na direção desejada com os resultados incrementais do momento, ajustando as velas do barco conforme as marés, correntes etc. Assim, o líder talhado no mundo "eficiência" tem de aprender novas metodologias de como tirar a foto correta e com base nela tirar as conclusões para os próximos passos.

O gráfico a seguir demonstra como o cenário mudou entre o mundo da "eficiência" e o "mundo VUCA/BANI".

2.2. O projeto

Mesmo em um mundo VUCA, o grande objetivo das organizações segue, obviamente, o mesmo: atingir seus alvos, alcançar os resultados estratégicos. Para que isso possa ocorrer, são lançados diversos projetos, que nada mais são do que meios de efetuar uma gestão dos esforços em direção a um objetivo. Os projetos encerram um compilado de respostas às perguntas: que, por que, quando, onde, como, quem e quanto.

A larga utilização do modelo *Canvas* de projeto, que será tratado no Capítulo 6, é uma clara evidência de como um projeto é um composto desse compilado de respostas a essas perguntas, assim como nos mostra a figura a seguir:

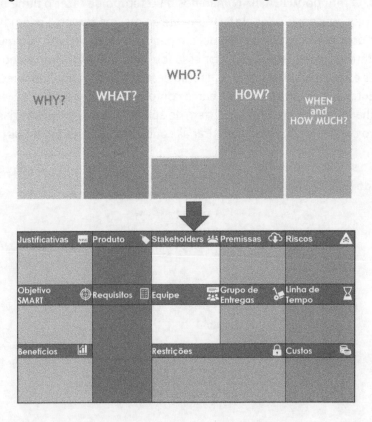

2.2.1. O "como" e o "o que" de um projeto

Uma vez que, através de um *canvas* de projeto, as respostas às perguntas que compreendem um projeto já foram esclarecidas, agora é o momento de colocar a mão na massa e começar a efetuar o projeto. Só que novamente surgem duas perguntas cruciais: o que deve ser efetuado para alcançar os objetivos e entregas previstas no projeto? Como essas ações devem ser geridas?

Para responder a essas questões é necessário entender o ambiente no qual o projeto está inserido. Para isso, é necessário avaliar outras questões, como: esse projeto é relativo a um processo, ou serviço, ou produto existente? Trata-se de uma inovação completa? Temos claro o que deve ser entregue ou isso ainda deve ser compreendido ao longo do projeto? Os principais fatores, que influenciam o alcance ou não das metas, estão claros, controlados e sabemos como atuar neles ou não? Qual a complexidade da solução a implantar? Qual a complexidade de ações a tomar até se chegar à conclusão sobre qual a solução a adotar?

As respostas para essas perguntas nos indicam como será o caminho ao longo desse projeto: estamos em uma estrada totalmente nova, que nunca foi trilhada? Ou estamos em uma estrada bem pavimentada, com apenas alguns buracos com os quais devemos tomar cuidado? Ou nossa estrada se assemelha mais a um trilho de trem, ou seja, tudo muito bem estabelecido e a questão resume-se a "voltar às coisas aos trilhos"?

Se fôssemos fazer uma viagem, necessitaríamos saber o meio de transporte, se é um carro, moto, caminhão, barco, trem etc. Também vamos precisar saber como vamos gerir nossa viagem: utilizaremos um aplicativo de navegação (como Waze), um mapa, teremos um tempo de referência para a chegada, o caminho já está mapeado, temos apenas uma vaga orientação, como saber se estamos na direção correta, como saber se teremos os insumos necessários para a viagem (combustível, alimento, água etc.), existem outros caminhos possíveis etc.? O mesmo se dá com a viagem empreendida ao longo de um projeto. Necessitamos saber: que meio utilizaremos para levar o projeto adiante em direção aos objetivos e como vamos gerir o avanço dos esforços nessa direção. O meio a ser utilizado para se chegar ao objetivo se trata da metodologia de excelência a ser empregada e o como gerir os esforços refere-se à metodologia de gestão de projetos a empregar para controlar o projeto.

O ambiente no qual o projeto será efetuado, ou o tipo de caminho, o tipo de estrada na viagem a fazer, determinará o que melhor nos conduzirá nessa estrada, ou seja, o método de excelência mais adequado às condições desse projeto, como um meio de transporte. Além disso, esse ambiente do projeto, que vai desde a inexistência total de um caminho a trilhar até um trilho fixo a seguir, determinará a melhor forma de gerir o projeto até a sua conclusão.

Por isso, quando se fala sobre seleção de metodologias para execução de um projeto, deve-se levar em conta sempre as duas dimensões: "o que" executar e "como" executar. A dimensão "o que" estará relacionada com a metodologia de excelência a aplicar, pois indicará as soluções a aplicar dentro do projeto para que os objetivos sejam alcançados. Já a dimensão "como" se aplicará ao método de gerenciamento do projeto, que visa garantir a implantação das soluções encontradas.

A dimensão "o que", a metodologia de excelência a aplicar, está relacionada à eficácia do projeto, ou seja, ao atingimento do alvo. A dimensão "como" está relacionada à eficiência do projeto, ou seja, a otimização de recursos na execução de algo. Ao selecionar corretamente o "o que" e o "como", é possível alcançar a efetividade em um projeto: entregar os resultados esperados com otimização de recursos.

2.2.2. A seleção das metodologias

Conforme comentado no capítulo anterior, existem diversas metodologias em uso atualmente, sendo que algumas têm foco na identificação do "o que" fazer para que os objetivos sejam atingidos. Essas são comumente chamadas metodologias de excelência e estão focadas na eficácia. Enquanto isso, outras metodologias são voltadas para o "como" fazer com que essas ações sejam efetivamente implantadas. Essas estão focadas na eficiência e são as que têm o objetivo de apoiar a gestão do projeto em termos de como gerir execução de etapas, recursos, elaboração e acompanhamento de cronogramas.

Efetividade é fazer certo as coisas certas ou ser efetivo e eficaz ao mesmo tempo ou ainda fazer com alto rendimento o que deve ser efetuado. Para a efetividade de um projeto, é necessário que ele seja eficaz, isto é, alcance os objetivos, e seja eficiente, o que implica ser efetuado com os recursos otimizados. Isso nos traz algo de extrema relevância a compreender na seleção de metodologias: as de excelência, focadas na eficácia, e as de gerenciamento de projetos, focadas na eficiência, que se complementam e, além de não serem conflitantes, muitas vezes deveriam coexistir em um mesmo projeto com vistas ao alcance da efetividade.

Por isso, neste capítulo, trataremos de como selecionar as metodologias de excelência assim como as de gerenciamento de projetos e veremos que elas coexistirão em diversos cenários.

Para auxiliar na seleção das metodologias, conforme já abordado neste capítulo, necessitamos compreender mais sobre as condições gerais, ou grau de complexidade, de onde este projeto está inserido. Uma ferramenta que nos auxilia nessa compreensão é a Matriz de Stacey, desenvolvida por Ralph D. Stacey, professor de Administração da Universidade Hertfordshire, no Reino Unido. Esse modelo foi apresentado de muitas formas diferentes ao longo dos anos, mas afirma principalmente que a complexidade é uma função do grau de concordância sobre o que é necessário (o 'o que') e a certeza de como precisamos atuar para chegar lá ('como').

Essa matriz está desenhada em duas dimensões: o grau de concordância do que se deseja alcançar ou do que deve ser entregue (requisitos, objetivos do negócio) *versus* o grau de certeza em relação a como atuar para fazer essa entrega (métodos, ferramentas, tecnologia). Muitas vezes os eixos vertical e horizontal são referenciados como requerimentos e tecnologia ou simplesmente "o que" e "como".

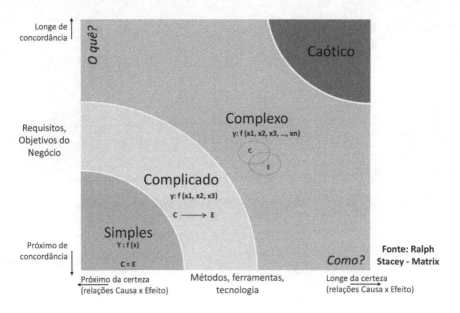

No eixo horizontal, estar perto da certeza significa que questões ou decisões estão próximas da certeza e as relações de causa e efeito podem ser determinadas. Pode-se extrapolar a experiência passada para prever o resultado de uma ação com um bom grau de certeza.

No outro extremo do eixo horizontal as decisões estão longe da certeza. As ligações de causa e efeito não são claras. Extrapolar da experiência passada não é um bom método para prever resultados longe da certeza.

O eixo vertical mede o nível de concordância sobre uma questão ou decisão dentro do grupo, equipe ou organização. Como seria de esperar, a função de gestão ou liderança varia de acordo com o nível de concordância em torno de um tema.

Dessa forma, as diferentes áreas compreendidas nessa matriz indicam diferentes níveis de complexidade e servem de auxílio para a seleção dos métodos mais adequados de atuação na condução de um projeto, tanto com relação à metodologia de excelência como com respeito à metodologia de gerenciamento do projeto.

Nas áreas denominadas "Simples" e "Complicado" normalmente temos processos, produtos e/ou serviços existentes. Projetos compreendidos nessas áreas têm ou as relações X e Y bem conhecidas ou possíveis de serem estabelecidas e assim as soluções irão desde a implantação de uma ação conhecida de padronização até uma melhoria que ainda deverá ser estudada e definida.

Isso nos leva à seguinte abordagem:

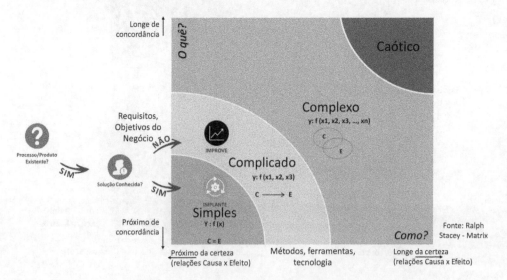

Na área "Simples", a relação de causa e efeito é simples e conhecida e as previsões são possíveis e fáceis de serem realizadas. Essa é uma área na qual a atuação mais apropriada segue a sequência: entender, classificar e responder. Por isso, a aplicação das seguintes disciplinas, metodologias e/ou ferramentas serão de utilidade nesta área: Melhores Práticas, Gestão da Rotina, PDCA, SDCA, Análise e Solução de Problemas, *Lean/Kaizen*, Procedimentos e Instruções.

Na área denominada "Complicado", a relação de causa e efeito é complicada, mas pode ser estudada e definida; as previsões são possíveis, mas através de análise e estudo aprofundado. Essa é uma área na qual a atuação mais apropriada segue a sequência: entender, analisar e responder. Assim, o uso das seguintes metodologias e ferramentas nessa área serão de auxílio a um projeto: Six Sigma, *Lean* Six Sigma, Gerenciamento Clássico de Projetos e Gestão de Mudanças.

Isso nos leva à seguinte abordagem:

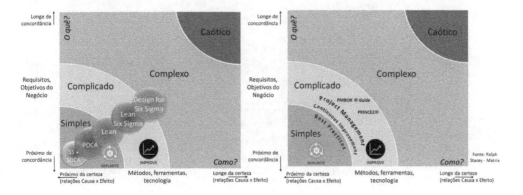

Na área denominada "Complexo" é o espaço em que se trata de produtos, serviços e/ou processos ainda não existentes. As equipes dos projetos relativos a esta área podem não ter uma concordância sobre o que deveria ser exatamente entregue ao cliente para satisfazer uma determinada necessidade, ou pode ser que esteja claro o produto ou o serviço a entregar, porém, o como fazer isto, ou seja, o processo, envolve uma quantidade muito grande de variáveis ou uma relação muito complexa entre elas. Ambas as situações necessitam de experimentação para obtenção de algum entendimento e, então, uma atuação ou resposta adequada às condições identificadas. Essas respostas trarão inovações, podendo levar a um produto ou serviço novos no atendimento de uma necessidade ou a um processo inovador em algum produto ou serviço que todos concordam que deve ser entregue ao cliente.

E o que dizer da abordagem a efetuar na área chamada de "Complexo"? Nessa região, embora a relação de causa e efeito exista, ela é muito complexa para ser definida e não há como fazer previsões de boa qualidade, pois as interações, inclusive humanas, são muitas e de elevado grau de complexidade. Esta é uma área na qual a atuação segue a sequência: experimentar, entender e responder. Nessa região, algumas das disciplinas, metodologias e ferramentas aplicáveis são: criatividade, intuição, inteligência emocional, inovação, *Design Thinking*, *agile* e *Scrum*.

Isso nos leva à seguinte abordagem:

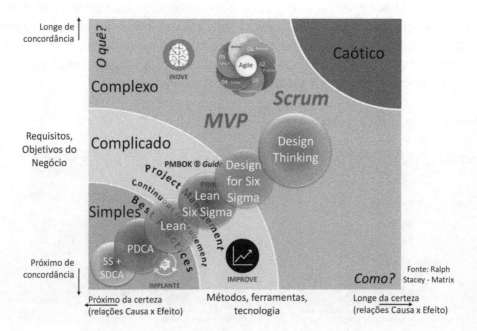

É importante comentar sobre a área em que o cenário é chamado de "Caótico". Nessa região, as relações de causa e efeito não são perceptíveis. Há imprevisibilidade e deve-se agir o mais rápido possível. A abordagem típica é a de agir, entender e depois responder. Nesse cenário, as práticas e disciplinas mais adequadas são: comando, ações rápidas, habilidade de mobilização e estabilização da situação.

Assim, essa figura nos mostra um guia de seleção de "metodologias" baseado do nível de complexidade esperado para cada área deste gráfico, baseado na Matriz de Stacey.

Porém, estamos em um mundo VUCA/BANI, onde a volatilidade, a incerteza, a complexidade e a ambiguidade (ou fragilidade, ansiedade, não linearidade e incompreensão) fazem com que, muitas vezes, um projeto tenha oportunidade e necessidade de atuação em mais de uma região do gráfico, de maneira a trazer tanto uma melhoria em um processo existente como uma inovação, quer seja evolutiva, que significa inovar em um processo existente, quer seja disruptiva, trazer algo novo (produto, serviço ou processo). Um projeto como esse poderia atuar, ao mesmo tempo, em duas regiões desse gráfico: as áreas denominadas "complicado" e "complexo".

O efeito do mundo VUCA/BANI sobre um projeto é fazer com que ele não se mantenha durante toda a sua existência em uma única região do gráfico, ou seja, pode ser que ora uma metodologia seja a mais adequada e em outro momento a metodologia a aplicar deva ser outra, pois as condições de contorno do projeto se alteraram e novas oportunidades são identificadas.

Esses exemplos evidenciam que a aplicação de uma única metodologia, do início ao fim de projeto, pode ser algo purista que cada vez menos ocorrerá nesse mundo VUCA/BANI e que, se for efetuado dessa maneira, oportunidades poderão ser perdidas ao longo do projeto.

Além disso, um projeto pode fazer uso de uma metodologia que lhe traga subsídios para identificar o "que" efetuar em termos de melhoria de algo existente ou inovação e também utilizar, ao mesmo tempo, outra metodologia que auxilie em relação a "como" gerir o próprio projeto.

Como tratar situações como essas e tirar o melhor proveito dos projetos? Daí surge a figura da aplicação híbrida das metodologias, ou seja, o uso de duas ou mais metodologias em um mesmo projeto de forma a se alcançar a máxima efetividade na entrega de soluções de um projeto. Trataremos disso no próximo capítulo.

3. O modelo híbrido para atender ao mundo VUCA/BANI

No capítulo anterior tivemos a oportunidade de verificar como identificar as metodologias mais adequadas para um projeto dependendo das características do cenário que o afetam, também conhecido como condições de contorno. Também vimos a necessidade de efetuar, projeto a projeto, essa identificação das metodologias a aplicar, pois as técnicas que serão utilizadas em um projeto afetarão tanto a sua eficácia, ou o quanto se alcança de um objetivo, como também a eficiência, ou quanto os recursos foram otimizados para fornecer a entrega do projeto.

Isso nos levou à conclusão de que se apegar a uma mesma metodologia como sendo aquela que deverá ser aplicada em todos os projetos não é a abordagem de maior efetividade.

Parece óbvio? Nem sempre...

3.1. Metodologia cultuada x metodologia(s) adequada(s)

É da natureza humana buscar uma zona de conforto na qual as mudanças sejam mínimas, controláveis ou previsíveis. Isso faz com que muitos, após terem se esforçado para conhecer, aplicar e obter êxito com o uso de uma metodologia, queiram se manter "devotos" da mesma forma de atuação (ou metodologia). Por isso advogam em nome dela, a cultuam, defendem e buscam utilizá-la ao máximo, com um *range* extremamente largo de aplicação. Porém, com a evolução do uso dessa metodologia de sucesso, chega-se a um ponto onde parece haver uma saturação de seu uso. Parece que ela já não atende ao que se busca e então se jogam na "onda" de uma outra técnica, ou metodologia, praticamente abandonando a anterior, e essa recém atual passa a ser a nova solução para tudo e o ciclo continua indefinidamente, indo de um novo paradigma para outro, sempre tendo encontrado a metodologia que – essa sim – solucionará todos os males.

Essa abordagem tem raízes fortes na busca pela zona de conforto, pois as pessoas continuam procurando algo que possa ser a solução ou método definitivo e assim não ter que se mover mais atrás de uma nova metodologia quando a anterior parecer não atender mais.

Vimos isso ocorrer quando grupos de adeptos de uma metodologia migrava para a próxima. Foi assim com "seguidores" de Juran, de Deming, do 5S, do PDCA, do *Lean*, do Six Sigma, do *Lean* Six Sigma, do DFSS, do ágil, do *Design Thinking*, do *Lean* ágil, do...

Sempre foi muito comum ao longo do tempo ver os defensores de uma metodologia debatendo com os de outras, para mostrar como o que ele seguia era o mais adequado, como se fosse uma verdade absoluta.

Dentro das próprias empresas, a criação de áreas distintas para implantar e aplicar metodologias diferentes causou e causa, em vez de união de propósitos, divisões, separações, grupos quase que rivais, tentando cada provar como a sua metodologia é a melhor. Às vezes uma metodologia passa a ser patrocinada por uma área, ou algum executivo, enquanto outra metodologia tem um outro patrocinador e então a divisão se torna estabelecida até que haja um "vencedor", que praticamente extingue a metodologia "vencida".

Uma visão de curto alcance, ou seja, voltada para uma única metodologia, em conjunto com o desejo de alcançar a estabilidade de não haver mudanças, traz uma miopia que impede as pessoas de enxergar que: as distintas metodologias podem e devem coexistir; a efetividade de uma metodologia não é constante, pode variar de acordo com as condições de contorno do projeto em que foi aplicada; uma metodologia pode ser mais aplicada a uma determinada área porque se adequa melhor às condições de contorno dos projetos visualizados por essa área, enquanto para outra área a metodologia predominante será outra.

Ter essa visão abre um leque de oportunidades de aplicações para as distintas metodologias e traz uma união de propósitos. Em vez de uma metodologia, ou um grupo de seguidores dela, sair vencedora, o que sai vencedor é o projeto que terá a metodologia mais adequada sendo aplicada – e isso levará a maior efetividade, resultados e união de todos os envolvidos. As metodologias se tornam meios para alcançar os fins e não os fins em si mesmos.

Aqui cabe um comentário. Quem já ouviu algo como: essa "empresa é *Lean*"? Ou essa "empresa é Six Sigma"? Ou essa "empresa é ágil"? A miopia está sintetizada nessas frases! Uma empresa que enxerga aquela metodologia como sendo seu meio principal, ou único, de atuar certamente dispõe de poucas armas para lutar suas guerras!

As metodologias podem ser comparadas a caixas de ferramentas mais o manual orientativo de como utilizá-las e com qual propósito. Será que levaríamos nosso carro para fazer uma revisão completa em uma oficina concessionária especializada se soubéssemos que eles dispõem de caixas de ferramentas com manual orientativo somente referente à parte mecânica do motor? Mas e quanto à parte elétrica e eletrônica do motor? E quanto a freios, funilaria, elétrica em geral, painel etc.? Por mais que a parte mecânica do motor seja essencial, se o objetivo era a revisão completa, como essa concessionária atenderá com efetividade? Da mesma forma, todas as empresas têm seus processos, produtos ou serviços mais relevantes, porém, será que a(s) metodologia(s) implantada(s) atende(m) somente a esses e, pior, às vezes somente parcialmente? Uma pergunta a ser feita pela própria organização é: tenho o arsenal adequado de metodologias para ter efetividade nos projetos?

É fundamental entender que a coexistência complementar de diversas metodologias é essencial para o atendimento da diversidade de projetos de uma empresa. Porém, mais do que entender essa necessidade, é preciso atendê-la, ou seja, colocar em uso as diversas metodologias, técnicas, ferramentas, enfim, todo o arsenal de apoio para atingir os resultados com maior efetividade.

Isso exige da organização e do profissional da área de excelência (ou quem suporte a organização em termos de metodologias) maior amplitude de conhecimento sobre as metodologias disponíveis e suas aplicações, libertar-se da crença na metodologia salvadora e iniciar a preconização da cultura dos melhores resultados, independentemente da metodologia a ser utilizada, e não o das "melhores metodologias", independentemente dos resultados. Organizações que trabalham para, por exemplo, ser uma "empresa *Lean*" (ou qualquer outro termo já mencionado), quanto mais atingem esse objetivo final, mais estão próximas do fim do uso da metodologia, pois encontrarão, naturalmente, condições na qual aquela metodologia não será mais efetiva, e isso trará frustrações e propiciará uma nova onda para uma nova metodologia "salvadora da pátria".

Comentaremos mais nos dois últimos capítulos deste livro sobre como essa visão impacta as organizações no que diz respeito à seleção e ao gerenciamento de projetos, bem como o profissional que faz uso de metodologias (como os ditos "certificados").

Até aqui vimos que será necessário selecionar as metodologias a aplicar e o uso da última figura do capítulo anterior nos ajudará nisso. Agora podemos dizer que conseguimos alcançar uma forma de selecionar exatamente a metodologia que se aplicará aos projetos e isso nos trará o nível de efetividade desejada, certo? Infelizmente, não. Por quê? Por causa do mundo VUCA/BANI.

3.2. Outra vez o mundo VUCA/BANI

O mundo VUCA/BANI, com sua volatilidade, incerteza, complexidade e ambiguidade, pode afetar as condições do contorno do projeto ao longo de sua existência e assim impactar o grau de concordância sobre o que deve ser efetivamente entregue, ou o grau de certeza sobre como atuar para efetuar essa entrega. Esse cenário mutante faz com que, muitas vezes, um projeto não se mantenha durante toda a sua existência imóvel em uma única região no gráfico apresentado no capítulo anterior. Com isso, ora uma metodologia se torna a mais adequada e em outro momento, para o mesmo projeto, a metodologia a aplicar deva ser outra.

E o ambiente VUCA/BANI também faz com que um projeto que trouxe resultados no passado por meio de determinadas soluções não necessariamente possa ser replicado com êxito, pois ou o "que" ou o "como" ser entregue podem ser outros. O mundo VUCA/BANI faz com que antigas soluções ou entregas de sucesso não sirvam mais, pois as condições de contorno são outras.

Será que isso tudo é muito "filosófico", ou que essas coisas de inovação rápida ou grandes mudanças não se aplicam aos processos nos quais trabalhamos? Vamos pensar nas mudanças ocorridas devido à pandemia do coronavírus. Tudo é tão novo que até o nosso corretor de texto insiste em tentar corrigir a própria palavra "coronavírus". Ele ainda não se adaptou a essa mudança de um nome novo que veio para ficar.

A sociedade em geral começou a descobrir, através dessa pandemia, que o "normal" não é algo estático, que não muda. Temos agora o chamado "novo normal", e as pessoas começam a perceber que esse "novo normal" também irá se alterar ao longo do tempo. Ou seja, percebemos que o "normal" mudará constantemente. Com essa pandemia, vários serviços e produtos tiveram de se reinventar e terão novas mudanças a enfrentar no futuro. Esse é o "novo normal"!

Muitos se reinventaram ou ainda farão isso para sobreviver e alguns tirarão grande proveito disso. Houve o fenômeno das *lives*. Pessoas do mundo do entretenimento (*entertainers*), para alcançar o público consumidor de seus produtos (música, peças teatrais etc.), em vez de irem para um palco, foram para a frente de câmeras em locais próprios, mais intimistas, com poucas pessoas – e os resultados? Milhões assistindo, ao mesmo tempo, como jamais poderia ter sido alcançado no mundo físico. Certamente o grande retorno financeiro agradeceu muito ao mundo VUCA/BANI.

Fazer *lives* certamente não era, nem de longe, uma das principais formas desses *entertainers* alcançarem seus públicos com seus produtos. Nesse caso, a entrega continuou sendo a mesma: a música, a peça teatral, o *standup comedy* etc. Porém, como houve uma mudança radical, a solução foi outra e diversas das variáveis envolvidas nessa nova solução são, não somente diferentes das anteriores, mas totalmente novas, ou seja, vieram à tona graças ao novo formato dessa entrega.

Cadeias logísticas mudaram. Por exemplo, entregadores de hortifruti, de restaurantes ou de centrais de abastecimento passaram a entregar diretamente ao consumidor final e criaram aplicativos para o cliente poder fazer a compra, efetuar pagamento, acompanhar a entrega, dar sugestões, perguntar etc. Quem acompanhou o novo mundo saiu na frente e está em melhor situação.

Diversos comércios começaram a fazer *delivery*. Até feiras livres e de artesanatos estabeleceram aplicativos com interação direta e ao vivo com os vendedores de forma a ver os produtos, tirar dúvidas, negociar etc. Locadoras de carros passaram a entregar o carro para o cliente; agências de vendas de carros novos passaram a levar o carro de *test-drive* até o cliente. Quantas mudanças, novidades ou adequações ao "novo normal" ficarão e serão melhoradas com o passar do tempo?

Aplicativos de reuniões *on-line* tinham um uso quase restrito ao mundo profissional e mesmo assim ainda muitos reclamavam de seu uso dizendo: "ah, mas isso nós verificamos depois presencialmente", ou "ah, eu prefiro reuniões com a pessoa presente fisicamente", ou "nada como nos encontrarmos de verdade!". Onde está aquele mundo agora? Quem não se renovou nos seus conceitos de como se comunicar frente às novas condições de contorno vai fazer o quê? Vai tentar manter as formas antigas de "se encontrar" para se comunicar? Vai esperar passar o que está acontecendo para voltar ao formato antigo? Não vai mais usar videoconferências quando chegar a vacina para a COVID-19? Não é preciso nem comentar o salto que ocorreu no uso do *home office*, algo que era ainda um tabu ou um projeto para daqui a tantos anos para muitas empresas. Hoje se tornou uma realidade que revoluciona as relações de trabalho. Quando o hoje é diferente do ontem, o amanhã não trará o ontem de volta. Agora estamos "zoomtos" e o mundo como era se foi. O "como" se encontrar, fazer reuniões, treinamentos mudou definitivamente, ou melhor, até uma próxima mudança ocorrer.

Esses casos mencionados foram situações nas quais o "que" a ser entregue continuou basicamente o mesmo, porém os meios, ou "como" fazer, mudaram substancialmente. Vários deles levam a uma situação nova e bem à direita no eixo horizontal do gráfico apresentado na sequência, levando à necessidade de experimentos, como muitos desses citados anteriormente tiveram que fazer e continuarão fazendo.

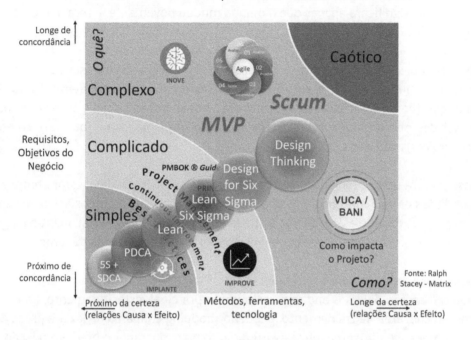

Também temos exemplos de outras mudanças que impactaram o "que" deve ser entregue. Confecções de roupa começaram a fazer máscaras, fábricas de garrafas PET passaram a fazer máscaras plásticas, automotivas produziram respiradores, fabricantes de produtos de higiene e limpeza fabricaram álcool em gel, churrascarias passaram a fazer entregas de *kits* para churrasco com as carnes prontas para assar.

Os serviços também passaram por transformações: cartórios e agências governamentais que exigiam a presença física do cidadão para a execução de serviços agora os prestam através da internet e de *apps*; atendimentos médicos passaram a ser efetuados à distância, com emissão de receitas *on-line* e farmácias com capacidade de processá-las *on-line* e entregar o remédio para o cliente; o EAD (estudo a distância), que alguns talvez ainda vissem como de "menor qualidade", passou a ser a referência, e muitos que tinham o paradigma do ensino "clássico", presencial, enxergaram vantagens e adequações às novas realidades; atendimento ao consumidor passou a ser através de *home office*; aulas de academia de ginástica e Pilates passaram a ser virtuais e com muito mais alunos conectados; serviços e tradições religiosas que antes somente poderiam ser efetuados presencialmente hoje já não são mais assim e alguns até foram cancelados; etc.

Alguém pode agora mencionar uma frase também comum durante a pandemia: "isso vai passar". É verdade, porém, quando o "isso" passar, o que quer que este "isso" seja, significará apenas que o mundo mudou novamente. E será diferente do agora e do antes.

Isso quer dizer que os aspectos externos afetam os negócios e os seus projetos. E não precisam ser aspectos externos tão intensos como uma pandemia mundial, mas questões econômicas, novas tecnologias, novos entrantes, nova matéria-prima, novas descobertas, novas tendências etc. que poderão impactar o "que" e o "como" de serviços, produtos e projetos.

Isso mostra que ao longo da vida de um projeto também se deve estar atento às condições de seu contorno. A avaliação da adequação dos métodos aplicados em um projeto, quando efetuada não somente durante a sua fase inicial, mas ao longo do projeto, pode trazer desde pequenos ajustes até total mudança de rumo.

Antes da pandemia uma empresa foi construir um prédio significativo para abrigar seu *call center*: diversos andares, restaurante principal, estacionamento, banheiros, creche, área de treinamento, pequeno shopping com área de lazer e praça de alimentação; enfim, uma infraestrutura muito boa. Mas "muito boa" em relação a qual mundo? Em relação ao mundo anterior à pandemia? Talvez. Em relação a um mundo pós-pandemia, em que esse serviço pode ser efetuado e gerido em *home office*? Em que o treinamento pode ser à distância? Em que a mãe, que faz *home office*, não precisa levar seu filho em transporte algum e deixá-lo em uma creche? Em que os atendentes podem trabalhar em *home office* e não precisam se deslocar, com consequente melhora na qualidade de vida, o que pode afetar positivamente o atendimento ao cliente? Prédio novo para quê?

Não detectar novas condições de cenário no mundo VUCA/BANI atual e como essas impactam os projetos, especialmente os mais estratégicos, pode ser dar o "um passo à frente" na beira do abismo que acaba de se formar.

Esses comentários serviram para contextualizar como um mundo VUCA/BANI pode afetar os negócios e, consequentemente, seus projetos, com seus os "os quês" e os "comos" e, por fim, quais metodologias se encaixam melhor a essas condições de momento.

Dependendo da magnitude do impacto causado no negócio pela variação do mundo VUCA/BANI, uma metodologia que era a que mais se ajustava tipicamente às necessidades de um negócio pode mudar drasticamente para outra. Uma grande empresa de educação, que antes utilizava um método para aumento de eficiência dos seus processos de ensino e redução de custos, pode ter que começar a utilizar mais significativamente *Design Thinking* para encontrar novas alternativas de levar seu ensino aos clientes durante a pandemia e depois dela, pois sua forma de ensino não voltará a ser exatamente a mesma dali por diante.

Além disso, um projeto pode levar às diversas frentes de atuação distintas para o alcance dos resultados, e algumas dessas poderão ser mais bem atendidas por uma metodologia ou por outra. Com isso, o mesmo projeto poderia ter o uso de, por exemplo, ferramentas de PDCA, *Lean* Six Sigma e *Design Thinking* de acordo com as ações ou entregas a efetuar – e tudo isso poderia ser ainda efetuado dentro de um *framework* ágil.

Esse *mix* de metodologias em um mesmo projeto é o que se denomina "aplicação híbrida de metodologias", ou seja, um projeto não ser a aplicação purista de uma única metodologia do início ao fim.

3.3. Modelos híbridos de metodologias – conceito

Muitos leitores, pela mera resistência às mudanças, talvez já tenham pensado: "agora vou ter que saber e aplicar diversas metodologias?" ou "basta focar na metodologia que mais se aplica, de maneira geral, aos processos de minha organização, tentar aplicar outras é exagero", ou "agora vão querer ficar vendendo novas metodologias, são todas iguais e só muda o nome", ou ainda o clássico "nós já fazemos isso!".

Se já é difícil aceitar que a metodologia mais adequada a aplicar depende das condições de contorno de um projeto, que podem variar, mais ainda é a resistência natural para aceitar que dentro de um mesmo projeto diversas metodologias poderão coexistir e se apoiar ou imaginar que partes conceituais de uma metodologia podem ser aplicadas com ferramentas tipicamente utilizadas em outras.

Para enfrentar a pandemia do COVID-19 foram necessárias diversas ações, frentes de atuação e métodos distintos relacionados a diversos temas, ou seja, não houve uma "bala de prata", mas uma atuação sistêmica, pois o problema era complexo. Da mesma maneira, quando um projeto vai atuar sobre um problema complexo, a atuação deve ser sistêmica – e quanto maior a complexidade envolvida tanto maior será a probabilidade de se ter que utilizar diversas metodologias distintas simultaneamente, pois poderá haver uma variedade de soluções, "os quês", a serem entregues e com diferentes níveis de conhecimento sobre "como" implantar essas soluções.

Vários métodos híbridos são utilizados e alguns com maior publicidade que outros, porém os componentes integrantes dessas "soluções híbridas", ou seja, as metodologias que as compõem, só dependem das condições de contorno do que se deseja efetuar. Novamente: qual é o grau de certeza quanto ao que deve ser entregue e qual o grau de confiança sobre como efetuar isso? Das respostas a esta pergunta virão os métodos que deverão coexistir de maneira híbrida em um projeto.

O que temos é um verdadeiro *mix* de metodologias que nos proveem diversas soluções em face das condições afrontadas por projeto. Como mostra a figura a seguir, a alternativa mais abrangente para o mundo VUCA/BANI, que nos impacta, passa por uma abordagem sistêmica de metodologias a selecionar, as quais estão entrelaçadas umas às outras.

A seleção das metodologias mais adequadas para cada situação permite uma atuação efetiva em um ambiente VUCA/BANI, o que leva a uma diversidade de modelos híbridos específicos para diferentes condições de contorno.

3.4. Modelos híbridos de metodologias – exemplos e discussões

Um projeto poderá contar com oportunidades de ações rápidas de melhoria que não serão suficientes para o alcance de todos os resultados desejados. Por isso, também será necessária a identificação de variáveis críticas prioritárias para posterior implantação de melhorias relacionadas com essas. Um projeto como esse poderia seguir um modelo híbrido onde se utilizaria o PDCA, ou alguma ferramenta dessa metodologia, para uma resolução rápida de um problema ou implantação de uma solução, e ao mesmo tempo se aplicaria o *Lean* Six Sigma para identificar e atuar sobre os fatores críticos prioritários de um processo; porém, a gestão do projeto poderia ser efetuada seguindo o padrão do *PMBOK® Guide* e a metodologia do PRINCE2®. Isso nos traria uma figura como a seguinte:

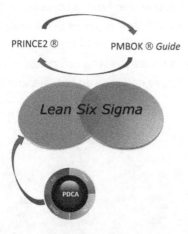

Uma outra situação poderia ser a de um projeto que visa entregar um novo sistema computacional, que deverá ter um aplicativo integrado, também a ser desenhado. Nesse caso, um híbrido possível seria a integração da filosofia ágil, com o *framework* do *Scrum* e ainda o uso do *Design Thinking*. A gestão poderia ainda considerar o uso do PMI-ACP® e/ou PRINCE2 *Agile*®. Nesse caso teríamos um modelo híbrido como o seguinte:

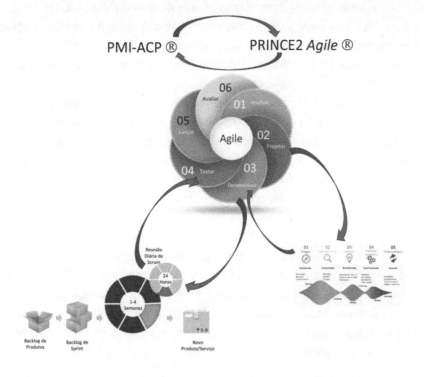

Modelo Híbrido

Um modelo híbrido bem difundido é aquele que atende ao lançamento de um novo produto, serviço ou de uma *startup* em si mesma. Para atender a esse tipo de condição é necessário explorar o problema, fazer a coisa certa e fazer certo a coisa certa. Ou seja, nesse projeto há fases distintas: entender a problemática, idealizar e testar soluções, selecionar a melhor solução, implantar a solução e colocá-la em aplicação. As metodologias típicas para atender a um contexto como esse seriam: *Design Thinking*, *Lean Startup* e ágil. Um desenho do uso desse híbrido seria como se segue:

Esse modelo híbrido permite entender os efeitos do mundo VUCA/BANI ao longo de todo um projeto de inovação, inclusive com retroalimentação de informações que permitem correções de rumo desde pequenas até um pivotamento total da solução idealizada inicialmente. Esse é um claro exemplo de métodos aplicados em conjunto.

Até aqui comentamos exemplos do uso de híbridos de metodologias para situações típicas de melhoria de algo existente ou inovação. Porém, a vasta maioria das pessoas trabalha não em inovação, ou para criar e implantar novos produtos, serviços ou processos, mas sim em processos existentes. Só que, como já vimos, esses processos existentes, devido ao mundo VUCA/BANI, hoje têm a oportunidade de melhorar não somente em eficiência como também utilizar o aumento exponencial da taxa de inovação tecnológica atual.

Isso quer dizer que melhorar um processo existente hoje não fica restrito a somente utilizar metodologias de aumento de eficiência, como *Lean* Six Sigma, mas, sim, também aplicar outras voltadas à inovação. Assim, é possível inserir nesses processos a nova tecnologia que foi desenvolvida e ainda permitir que possa vir a ser aplicada futuramente a atualização dessa nova tecnologia ou outras diferentes novas tecnologias que virão à existência.

A estrutura fornecida por "métodos" ágeis, como o *framework Scrum*, é extremamente útil nesse ambiente de inovação; porém, a parte analítica relacionada com o processo existente trará subsídios sobre "o que" que deve ser alterado por meio de uma inovação, ou seja, onde, naquele processo existente, uma inovação vai fazer a diferença desejada. Para isso a junção de metodologias como *Lean* Six Sigma e *Scrum* traz benefícios nesse ambiente. E até mesmo o *Design Thinking* pode se juntar nessa mescla de metodologias, pois trará "o que" será essa inovação. O *Lean* Six Sigma indica onde e por que deve haver inovação, o *Design Thinking* determina o que é essa inovação em si mesma e o *Scrum* estrutura como tudo isso ocorrerá, e, assim, as melhorias e a inovação serão implantadas e entregues.

Cabe ressaltar uma armadilha inserida no mundo VUCA/BANI: a de se pensar que, assim como a velocidade do avanço da tecnologia é rápida, as ações relativas a elas também sempre trarão um resultado rápido – e aí se colocam equipes inteiras dentro da filosofia do "vai, maluco!".

Por que isso ocorre? Bem, em um mundo VUCA/BANI, no qual a tecnologia atropela muitos processos, temos a sensação de que nossos métodos estão antiquados. Assim, alguns líderes terminam por abandonar as metodologias que traziam eficiência, pois as julgam lentas para se contrapor à velocidade do mundo atual e, infelizmente, às vezes se jogam em métodos ágeis e, sem fazer análises, partem para abordagens do tipo "vamos implementar tal coisa!", que nada mais é do que o conhecido "tentativa e erro". E algo de enorme probabilidade na abordagem "tentativa e erro" é o erro, como o nome do método sugere.

Para não cair nessa armadilha é necessário atentar para aquilo que os "métodos" ágeis proporcionam: uma estrutura de abordagem sobre como implementar ações de forma que a cada rodada de ações (*Sprint*) seja possível entregar algo de valor incremental ao cliente. Ou seja, esses "métodos", ou *frameworks*, como o *Scrum*, são de imenso valor ao permitir que determinadas ações sejam implantadas de forma gradativa e sempre utilizável pelo cliente. Assim, esses "métodos" ágeis proporcionam o "como" efetuar algo, porém não se destinam a analisar se as soluções implantadas são as melhores, nem se são as mais acertadas. Isso faz com que uma ideia possa ser implantada corretamente com o *framework Scrum*, porém não necessariamente o "o quê" que foi entregue será o acertado.

Daí, mais uma vez, vemos que, nesse mundo VUCA/BANI, somente implantar uma inovação em um processo, serviço ou produto existente, sem um respaldo sobre se essa seria a melhor inovação a implantar ou se onde ela será implantada é o local (ou atividade) mais acertado, pode trazer um resultado até muito longe da maior efetividade (eficácia mais eficiência) possível que poderia ter sido alcançada.

Efetuar uma inovação rápida, que foi simplesmente uma ideia, mesmo que baseada em "experiência" e "feeling", através do uso de um método ágil como o *framework Scrum*, poderá ser uma forma estruturada de implantar o que não trará a efetividade desejada. O *framework Scrum* serve como um excelente esqueleto onde se colocam os músculos, que seriam as metodologias e ferramentas. O *Scrum* relativo a uma única ideia pode ser, ao final, igual a um esqueleto sem músculos: não se sustenta em si mesmo. O *Scrum* dentro do seu ambiente nativo, o de programação de softwares e sistemas, utiliza as metodologias de programação e testes para alcançar o "o quê" entregar a cada *Sprint*.

O que notamos até aqui é que, para a implantação de uma inovação em um processo, produto ou serviço existente, a ausência do *Lean* Six Sigma poderia levar a implantar a inovação em um local (ou fator) não prioritariamente significativo (ou relevante). A ausência do *Design Thinking* poderia levar a implantar a inovação incorreta ou de uma maneira que não atenderia ao usuário ou ao cliente. E a ausência de um método ágil levaria a uma entrega da inovação como se fosse um grande lote, de uma única vez, e qualquer correção somente poderia ser observada ao final da entrega, o que seria um grande desperdício, pois com o *framework Scrum* teria sido possível liberar o uso dessa inovação pouco a pouco (a cada *Sprint*) e a cada *release* seria possível verificar a efetividade da implantação da inovação.

Além disso, em um mundo VUCA/BANI fortemente impactado pelo avanço da tecnologia, cada vez mais a análise de grande quantidade de dados se torna possível, presente e/ou necessária. E diversas ferramentas de *analytics* se tornam extremamente úteis e pertencentes ao dia a dia de diversos processos e organizações: bancos, redes de lojas, redes de supermercados, empresas de mídias, indústrias de processos, sites de vendas *on-line*, empresas de turismo, aplicativos (iFood, Uber, Rappi etc.), hospitais etc.

O avanço da maturidade no uso de *big data* com *advanced analytics* permitiu ir de uma capacidade corretiva, na qual se respondia à questão "por que isso ocorreu?", para uma preventiva, que responde à pergunta "o que ocorrerá?", ou para uma preditiva, que responde ao questionamento "o que de melhor/pior poderia ocorrer?". Isso permite adotar ações antecipadas a acontecimentos, traçar cenários complexos, estabelecer monitoramento de condições e aprendizado contínuo, através de algoritmo com *machine learning*, e efetuar otimizações de ações e resultados que terão maior efetividade.

Esse grande ferramental trazido de *analytics* com *big data* já aporta um diferencial essencial para muitas organizações, e muitas outras estão em busca desse diferencial através do uso de capacidade analítica de dados junto ao uso de tecnologia. Um grande exemplo disso é a chamada "Indústria 4.0".

Ao efetuar um projeto de melhoria envolvendo inovação em processos existentes, necessitaremos saber: sobre quais fatores deveremos atuar, quais as inovações a implantar e como efetuar isso. Seria melhor ainda se pudéssemos agregar a isso uma forma de aprender continuamente sobre o novo processo melhorado e sua inovação trazida, de forma a continuamente trazer melhorias e atuações antecipadas.

Será que uma única metodologia nos daria todo o suporte para atendermos a todos esses requisitos mencionados no parágrafo anterior? Certamente não. Porém, poderíamos suportar esse projeto com um modelo híbrido de uma metodologia que busca eficiência de algo existente, como *Lean* Six Sigma, que permite identificar os fatores críticos sobre os quais devemos atuar em um processo, associado ao *Design Thinking*, que permite identificar qual inovação implantar e como implantar, com ferramental de *analytics* com *big data* e "métodos" ágeis, como um *framework Scrum*, que dará estrutura/gestão ao projeto e permitirá *sprints* com entregas diferenciais de valor, ou seja, utilizáveis ao cliente ou usuário a cada iteração.

É possível notar o quanto o modelo híbrido se torna apropriado em um projeto de melhoria que também envolva inovação, o que, não por acaso, é o tipo de projeto mais esperado dentro de um mundo VUCA/BANI, pois no cenário atual a taxa de avanço da tecnologia cresce mais rapidamente do que a capacidade de absorção de conhecimento, o que torna necessário inovar nos processos, produtos e serviços existentes, e não somente melhorá-los.

Um exemplo de como utilizar esse modelo híbrido poderia ser uma empresa que vende xampu e inicia um projeto de aumento de *market share* do produto. Por meio de análises rápidas, com ferramentas de PDCA, poderiam ser encontradas algumas soluções de rápida implantação. Com *Lean* Six Sigma seria possível encontrar outros fatores críticos, que deveriam ser tratados para que o objetivo numérico do projeto fosse alcançado. E alguns fatores como *share* de gôndola, preço relativo, tipo de loja (supermercado, farmácia etc.), tamanho da loja e distribuição relativa talvez fossem identificados como fatores críticos que influenciam o *market share* de cada região e loja.

Utilizando o *big data analysis*, poderia ser elaborado um algoritmo que identificasse o comportamento de compra do cliente e aplicá-lo na criação de um aplicativo a ser utilizado pela área de vendas durante a visita às lojas, o que permitiria aferir a expectativa de *market share* de cada loja e assim ajustar os fatores loja a loja. Esse aplicativo poderia alimentar um algoritmo de *machine learning*, que seria atualizado e aprimorado constantemente. Para efetuar a construção e entrega desse aplicativo, o uso do *Design Thinking*, juntamente com o *Scrum*, seria muito útil. O *Scrum* poderia ser utilizado nesse contexto desde o início, garantindo entregas de melhorias ao longo de todo o projeto.

No modelo híbrido, utilizado no cenário do projeto exemplificado nos parágrafos anteriores, a filosofia ágil permeia a estrutura DMAIC do *Lean* Six Sigma, o *framework Scrum* provê *Sprints* em cada etapa, e o *big data* e *analytics* e o *Design Thinking* também são aplicados, como vemos ilustrado na figura seguinte:

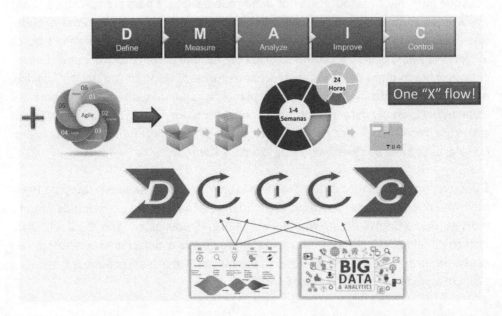

Nesse *mix* de metodologias, o *Lean* Six Sigma fornece, através do DMAIC, uma sequência de etapas a serem efetuadas, porém, o conceito "filosófico" das etapas do ágil (*Plan, Design, Develop, Test, Release* e *Feedback*) passa a permear as etapas. Isso significa que cada etapa do DMAIC, nesse modelo híbrido, passa a conter *Sprints*, de acordo com o *Scrum*, com entregas de valor dentro de cada etapa, o que faz com que existam novos "Improves". E dentro dessas etapas poderá haver o uso de ferramentas e "métodos" que sejam necessários, como PDCA, *Design Thinking*, *big data* e *analytics* e até do *Scrum* especificamente voltado aos itens a serem implantados iterativamente em cada etapa, como a elaboração e entrega de um *app*, se for como o caso deste projeto exemplificado.

Lembra-se do Capítulo 2? Nele, ao comentar sobre o *Scrum*, foi feita a seguinte analogia: "o *Scrum* poderia ser assemelhado ao chassi de um carro, a sua estrutura, e o motor desse carro seria a metodologia que foi colocada para girar dentro desta estrutura".

Pois é isso mesmo que se vê neste modelo híbrido: o *Scrum* sendo aplicado ao longo de todo o projeto de forma a prover o "como" efetuá-lo, enquanto o DMAIC é executado de forma a prover o "quê" deve ser efetuado. O DMAIC indica a direção a tomar, é o *drive*, o motor que nos impulsiona em uma direção, e o *Scrum* é o chassi que efetivamente carrega o projeto e permite as entregas iterativas de valor ao longo do percurso.

Mas e a que se refere o "One "X" flow" da figura anterior? No *Lean* muitas vezes se faz referência ao "one piece flow" ou "fluxo de uma peça" ou "uma peça por vez", e esse fluxo, quando alcançado, permite uma redução ao máximo dos desperdícios que geravam, entre outras coisas, aumento do tempo de entrega para um item. De forma similar, com esse híbrido pode-se buscar idealmente a entrega de um fator, ou um "X", melhorado por vez, ou seja, a entrega contínua de melhorias ao longo do projeto, em vez de somente na etapa de *Improve* (de um projeto *Lean* Six Sigma DMAIC) ter um grande *batch* de melhorias.

Assim, cada etapa do DMAIC pode entregar um ou mais Xs com suas melhorias. Isso diminui o tempo para que as entregas de um projeto ocorram e faz com que, ao final, um maior ganho já tenha sido obtido em comparação com um modelo tradicional DMAIC.

Poderíamos ilustrar esse modelo híbrido de DMAIC, *Scrum* e ainda outras metodologias que se façam necessárias (como *Design Thinking*) com a seguinte figura: a primeira árvore indica as oportunidades disponíveis através de um projeto e as demais nos mostram como em cada etapa do DMAIC são alcançadas algumas dessas oportunidades, iniciando com as mais acessíveis até as mais complexas. Para isso, dentro de cada etapa, haverá a rotina de identificar (fatores críticos e/ou oportunidades e/ou soluções), priorizar e implantar através de uma *Sprint*.

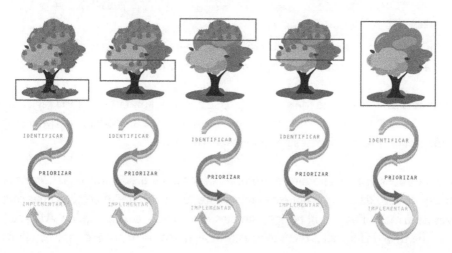

Podemos dizer, resumidamente, que para atender a um projeto de melhoria em um processo, produto ou serviço existente, no qual haverá introdução de inovação, esse modelo híbrido consegue responder às "golden questions", ou seja: "por quê?", "como?" e "o quê?". O *Lean* Six Sigma, com a estrutura do DMAIC, nos responde o "por quê?", pois nos dá razões para ações ao mostrar os fatores críticos prioritários e seus impactos sobre os resultados. Os métodos ágeis, e o *framework Scrum*, nos fornecem o "como" efetuar o projeto e o *Design Thinking* nos mostra efetivamente o "que" será a inovação. E outras ferramentas analíticas mais poderosas, como *big data* e *analytics*, podem ser agregadas.

Onde se encaixa esse modelo híbrido recém-mencionado? Podemos ver na figura a seguir:

Qualquer projeto que tenha oportunidades em mais de uma região ao mesmo tempo poderá ter benefício com a aplicação desse modelo híbrido.

Podemos dizer que quanto mais um projeto se encaixar somente em uma região deste gráfico, como "Simples", "Complicado" ou "Complexo", mais poderá ser tratado pelas metodologias predominantes de cada respectiva área.

No entanto, os projetos podem contemplar ações em mais de uma região. Por exemplo: um projeto da área complexa nem sempre terá somente inovações, mas muitas vezes trará melhorias já conhecidas e simples. Além disso, em um mundo VUCA/BANI, com uma taxa de inovação tecnológica elevada, mesmo em projetos que estejam nas regiões do "Simples" e "Complicado", muito provavelmente haverá oportunidade de introdução de inovações, o que nos leva à necessidade de experimentações e métodos ágeis. Por isso, cada vez mais um projeto terá ações por diversas áreas (simples, complicado e complexo) ao mesmo tempo.

Cada vez mais temos e teremos projetos que avançarão com ações por várias regiões do gráfico, e isso significa que o uso de uma única metodologia, como PDCA, *Lean Six Sigma* ou *Design Thinking*, não será suficiente para esses projetos. Um projeto que "somente" traga melhorias em um processo existente poderá ter perdido a oportunidade de ser disruptivo e um projeto que só traga inovação poderá ter perdido a oportunidade de melhorar um processo de base no qual a inovação vai operar. Seria como introduzir raio laser para alinhar roda de carroça, ou seja, seria uma inovação sobre um processo que necessita de muita melhoria para tirar proveito da inovação.

O uso de métodos híbridos nos proporcionará a efetividade nos projetos com entregas que permitirão melhoria de eficiência e eficácia disruptiva através de inovações.

Mas como efetuar o treinamento das pessoas em métodos híbridos como esses, compostos de *Lean Six Sigma*, *Design Thinking*, *big data* e *analytics*, *Scrum* e ágil? Como ficaria o DMAIC com *sprints* em cada etapa? E como dividir as equipes? Quais ferramentas utilizar, em qual sequência, com quais objetivos? Parece que a utilização desse último modelo proposto é de alta complexidade, apesar de ser um dos que mais se adequam a um projeto de melhoria de um processo existente e envolvendo inovação dentro do mundo VUCA/BANI. Como utilizá-lo?

Para responder a essas perguntas, vamos utilizar um *case* que será tratado como um projeto ao longo das etapas do DMAIC nos próximos cinco capítulos, um para cada etapa. Através desses capítulos veremos como a junção dessas metodologias proporciona um aumento de velocidade na entrega (eficiência) e a entrega certa (eficácia), ou seja, efetividade e com inovação dentro de um ambiente VUCA/BANI. Vamos aos capítulos do DMAIC híbrido.

4. O modelo híbrido alavancando a gestão das organizações

Nos capítulos anteriores falamos sobre as diversas "metodologias", como selecioná-las e a utilização simultânea de algumas delas em modelos híbridos, sendo que nos fixamos em um *case* em que havia um processo existente que passaria por melhoria e inovação. Por isso, foi apresentado um roteiro do modelo híbrido com o DMAIC, o ágil/*Scrum* e o *Design Thinking*.

Comentaremos agora sobre a gestão organizacional, ou seja, a administração de um negócio, empresa ou organização com o objetivo de alcançar metas e conquistar resultados positivos e rentáveis. O tema envolverá diversos aspectos como: visão, missão, objetivos, estratégias, sustentabilidade, ética, governança, valores, princípios etc.

Mas como o uso de modelo(s) híbrido(s) impacta a gestão de uma organização? Como a gestão de uma organização pode operar com efetividade dentro do cenário atual do mundo VUCA/BANI? Neste capítulo vamos responder a essas questões e trazer uma visão ampla do cenário que impacta o tema gestão e suas alternativas. Também veremos como o modelo híbrido de metodologias é um fator alavancador para uma organização de sucesso no mundo atual.

Vamos iniciar por aquilo que deve ser o princípio da gestão...

4.1. Visão, missão etc.

Acreditamos fortemente que você, leitor, tem bem claro em sua mente a importância de a organização ter visão, missão etc. Sem o estabelecimento de visão e missão, não se sabe aonde se deseja chegar e nem as razões para isso. Em um cenário desses, não faria sentido pensar em "gestão", pois o próprio termo, gestão, ou administração, está relacionado com "direcionar", mas se não sabemos para onde estamos indo, e nem o porquê disso, então não há como se dirigir algo para um alvo, pois, afinal de contas, ele não existe.

Assim, estabelecer visão e missão é algo básico. E digo básico porque é um fundamento sobre o qual outras ações são estabelecidas, ou seja, é uma base ou um alicerce que sustentará outras iniciativas.

Depois de falarmos muito rapidamente sobre visão e missão, chegamos no "etc." desse subtítulo.

Após serem estabelecidas a visão e a missão, deverão ser definidos os objetivos, com alvos mensuráveis para o alcance da visão, de acordo com a missão. Esses servirão como verdadeiros marcos ao longo de um caminho, e o atingimento deles evidenciará que a organização está tanto na direção como na velocidade desejada.

Mas para que esses objetivos e seus alvos mensuráveis possam ser alcançados, devem ser determinadas estratégias e métricas que alinhem toda a organização.

Um exemplo muito simples de alinhamento seria:

> - **Visão:** tornar-se a empresa de maior *market share* nacional no mercado de...
> - **Missão:** ...ser reconhecida como a empresa referência no mercado de...
> - **Objetivo:** *market share* com crescimento contínuo anual e sustentável.
> - **Alvo mensurável:** 1 ponto percentual (pp) ao ano por 10 anos.
> - **Estratégia:** crescer nos segmentos...
> - **Métricas anuais:** crescimento no ano.... de x pp no segmento "a" no ano..., de y pp no segmento "b" e assim por diante.

Essa ideia nos leva à figura a seguir, que nos mostra o caminho que uma organização decidiu seguir, incluindo aonde deseja chegar, o porquê e o como, sempre com alvos mensuráveis ao longo da jornada que garantam tanto o alcance como o ritmo de resultados.

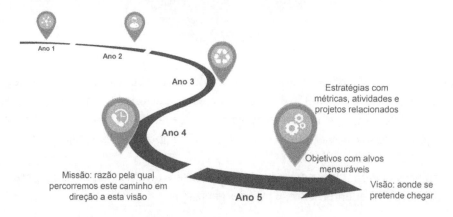

Muitas vezes as organizações apresentam esses objetivos utilizando o OGSM (do inglês: *Objective, Goals, Strategies and Metrics*) em um formato de pirâmide, para evidenciar como sustentar o alcance dos resultados no topo da organização, como vemos na figura a seguir.

Esse conjunto de informações fornece a todos na organização a oportunidade de ter o seu *golden circle* (um conceito criado por Simon Sinek, que tem como objetivo criar e desenvolver, de forma bem-sucedida, o valor de um negócio, uma ideia ou uma campanha) com sucesso, e até mesmo acrescentando o "where", que é fornecido pela visão, como na figura.

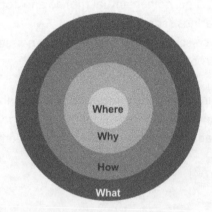

Nessa figura, o "where" se refere à visão, o "why" à missão e o "how" às estratégias. Mas do que se trata o "what"? Bem, o termo está relacionado com o "o quê" e deve ser efetuado para que as estratégias sejam alcançadas. É justamente aí que entram os projetos e as iniciativas, que servirão como um suporte às estratégias.

Os projetos devem nascer das estratégias, e esse é um fator de sucesso para eles mesmos e, consequentemente, para as organizações.

Por isso, a ação mais adequada a fazer após a seleção das estratégias é a geração de uma lista de projetos propostos em apoio às estratégias selecionadas (por facilidade e foco, vamos nos concentrar em falar dos projetos e não mencionar a todo momento as iniciativas).

Após a geração da lista de projetos é necessário construir um *ranking* entre eles através do uso de ferramentas (ou artefatos) de priorização usando matrizes de causa e efeito sequenciais ou a ferramenta QFD (*Quality Function Deployment*) ajustada para objetivos, estratégias e projetos, ou outros artefatos similares.

Alguns critérios típicos de avaliação e priorização de projetos são:

> **Esforço relativo à sua implantação:** o que pode envolver recursos (financeiros, humanos etc.), tempo, necessidades de aprovações (internas e externas) etc.
> **Impacto:** resultados acerca das métricas de sucesso do projeto, das estratégias e dos objetivos macros da organização, além da missão, visão, valores e princípios, o que pode também ter em conta os impactos sobre segurança, meio ambiente, comunidade etc.
> **Resultado financeiro:** medido em valor monetário, ROI (*Return On Investment*) ou simplesmente benefício/custo; pode ser avaliado em separado ou dentro do quesito "Impacto".

Um exemplo gráfico de seleção de projetos está na figura a seguir.

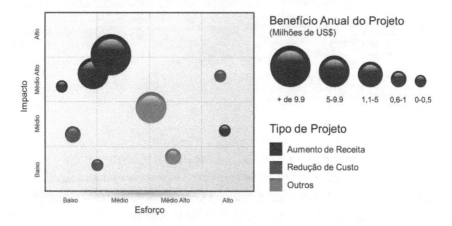

Após a priorização dos projetos, deverão ser escolhidos os líderes mais adequados a conduzi-los e as metodologias mais adequadas. A escolha dos líderes, equipes e metodologias proporcionará a identificação da capacitação que deve ser fornecida aos times.

Executar anualmente essas etapas nas organizações levava, décadas atrás, a tipicamente projetos de melhoria de performance, ou eficiência, em processos existentes, fossem eles industriais, administrativos, de vendas etc. Mas o mundo mudou.

4.2. O mundo VUCA/BANI de novo...

No Capítulo 3 comentamos sobre a mudança de foco da melhoria em um processo existente, com consequente aumento de eficiência, para o uso de inovação tanto em um processo existente, o que seria a inovação evolutiva, como com o uso de inovação para um novo processo ou produto/serviço, o que seria uma evolução disruptiva.

Essa mudança de foco foi proporcionada pela atual elevada taxa de avanço das inovações tecnológicas, que traz a possibilidade de aplicação de inovações em processos existentes ou a total mudança deles próprios. Assim, temos atualmente o foco em eficácia, ou seja, fazer o certo, por exemplo, ao implantar uma inovação que é devida, como também em eficiência, por continuar a melhorar os processos, quer seja um existente ou um novo advindo de uma inovação disruptiva. Dessa maneira, temos no mundo VUCA/BANI atual a busca da efetividade (eficácia + eficiência).

E utilizamos o gráfico seguinte nessa discussão:

E assim, graças ao mundo VUCA/BANI, ou melhor, graças ao aumento vertiginoso das inovações tecnológicas, foi possível começar a inovar de maneira significativa nos processos existentes, além de melhorá-los e também começar a substituir processos, serviços e produtos por outros novos, através da inovação.

A inovação tecnológica começou a se fazer presente, e as organizações, independentemente do seu tamanho, começaram a ser afetadas por isso ou afetar umas às outras através disso.

Dessa maneira, a inovação teve que começar a fazer parte do modo de atuar das organizações: quer seja se adaptando às inovações de outros, quer seja elas mesmas trazendo as inovações.

Com isso, os projetos, que antes eram majoritariamente voltados à eficiência, começaram a dar espaço à inovação evolutiva ou disruptiva.

Seria um desperdício investir tempo em melhorar um processo que se tornou "antiquado" diante das novas necessidades do mercado, que foram trazidas por alguma inovação dos concorrentes. Será que valeria a pena investir em melhorar o processo de fabricação de CDs? Uma sequência de inovações mudou totalmente o cenário do mercado de mídias digitais.

Essa movimentação criou uma necessidade natural nas empresas: a de se organizar para lidar com esse mundo de movimentos mais rápidos, no qual as inovações ocorrem a cada instante, e não ser apenas reativo, um seguidor atrasado das inovações, mas ser um líder inovador no mercado e desfrutar dos resultados que isso pode trazer. Isso nos leva ao próximo tópico.

4.3. Abordagens ágeis

Se o avanço vertiginoso ocorre na área tecnológica, uma das primeiras áreas a sentir esse efeito foi a indústria de desenvolvimento de software. As pessoas dessas organizações se deram conta de que os modelos clássicos de gestão de projetos não atendiam mais, de maneira efetiva, a esse mundo em evolução.

Nesse cenário surgiu, em fevereiro de 2000, o Manifesto Ágil, já tratado no Capítulo 2, que proporcionou uma nova forma de lidar com os projetos. O *framework Scrum* (criado por Ken Schwaber e Jeff Sutherland) se espalhou rapidamente – o primeiro treinamento de *Scrum Master* ocorreu em 2002.

Desde o Manifesto Ágil já se vão mais de vinte anos! Sim, o ágil e o *Scrum* não são nenhuma novidade! O que ocorreu foi a taxa de inovação tecnológica acelerar muito nessas décadas (fruto de métodos ágeis? Será difícil dizer que não influíram nisso!) e trazer a necessidade e a oportunidade de inovação evolutiva e disruptiva como algo do dia a dia das organizações.

De fato, muitas novas organizações surgiram nessas décadas, como *startups*, fruto de inovações, e se agigantaram: Uber, Waze, iFood, Rappi, WhatsApp, Facebook,

YouTube etc. Notou que algumas dessas empresas (ou *brands*) nessa lista já nos parecem antigas? Como se sempre tivessem existido? É a velocidade da inovação.

Esse crescimento exponencial de diversas organizações, fortemente relacionado com as inovações que elas trouxeram, não passou despercebido dos demais mercados tradicionalmente não tão relacionados com tecnologia de informação ou software. Ao mesmo tempo, as inovações tecnológicas também começaram a ser cada vez mais frequentes, atrativas pelo potencial, menos custosas e aplicáveis. A indústria 4.0 evidencia muito bem essa busca pelo uso da tecnologia de forma ampla nos processos de uma organização.

Tudo isso fez com que as áreas de TI dentro das organizações clássicas migrassem de coadjuvantes, ou até meros provedores de manutenção de sistemas e hardwares, para serem as protagonistas dentro das áreas de negócios.

Mas como se aproveitar desse cenário inovador com um modelo clássico de gestão? Logo, as organizações que começaram a fazer uso das tecnologias e trazer inovações evolutivas ou disruptivas se deram conta de que estavam no mesmo dilema que as organizações de desenvolvimento de software vivenciavam antes do início dos anos 2000: como fazer uma gestão que permita, suporte e até estimule um ambiente de inovação no ritmo adequado às evoluções tecnológicas e da sociedade como um todo?

A resposta é óbvia: o conceito, ou se preferir a filosofia ágil, começou a migrar da indústria de software para aquelas organizações que viram na inovação tecnológica um forte aliado. O mesmo se deu com o *Scrum*, o *framework* ágil de maior sucesso no mundo, que transcendeu as áreas de projeto de software e hoje é aplicado em projetos de novos produtos e serviços em diversos mercados, e até para acompanhamento no dia a dia de atividades.

Daí surgiram novos modelos de gestão, ou simplesmente **gestão ágil**, como o *business agility* e *management 3.0*. Não vamos aqui detalhar esses modelos, pois isto exigiria um novo capítulo para cada um, devido à relevância. Mas queremos trazer aqui uma breve inspiração ao leitor sobre esses modelos de gestão, que trazem flexibilidade num mundo VUCA/BANI, suportam e incentivam inovações.

O *business agility*, conforme definido no *Business Agility Institute*, é, em tradução livre, "a capacidade e a vontade de uma organização de se adaptar, criar e alavancar mudanças para o benefício de seus clientes". Dessa maneira, o *business agility* é um método organizacional que ajuda as empresas a se adaptarem rapidamente às mudanças, tanto externas como internas. O conceito do *business agility* teve início com o desenvolvimento de software, fazendo parte da estrutura ágil. Nesse modelo, os valores e princípios do Manifesto Ágil se aplicam a todas as áreas da organização, com uma pequena modificação no segundo valor, que passa a ser: "criação de valor mais que documentação abrangente". As informações relacionadas ao modelo de gestão *business agility* podem ser encontradas de maneira ampla no site <https://businessagility.institute/>.

O *management* 3.0 é um modelo de gestão que enxerga as empresas como grandes redes de relacionamento entre pessoas. Por isso, as organizações são consideradas sistemas de alta complexidade onde o gerenciamento é uma responsabilidade de um grupo de pessoas, ou gestão colaborativa. Esse modelo visa engajar as pessoas para o crescimento do negócio através de entregas rápidas, eficazes e ágeis para a criação de produtos e serviços. Esse modelo é considerado uma abordagem ágil para a gestão organizacional e, assim como nos métodos ágeis, tem o foco na autonomia dos times e na sua capacidade de se auto-organizar em busca de objetivos e metas estabelecidas. O criador deste modelo é Jurgen Appelo, que o concebeu baseado em sua experiência como *agile manager*. Mais detalhes estão disponíveis no site <https://jurgenappelo.com>.

Os modelos organizacionais ágeis são extremamente úteis, necessários em seus conceitos para a criação de um ambiente que seja responsivo ao mundo VUCA/BANI e até mesmo protagonista das mudanças e inovações nos mais variados mercados.

Então saímos de um mundo em busca de "eficiência" para o da pura "inovação", correto? Não! O crescimento da tecnologia nos proporcionou uma grande oportunidade de inovar, quer em processos existentes (inovação evolutiva) quer na criação de novos processos, produtos ou serviços (inovação disruptiva). Mas as inovações sempre deverão estar relacionadas a processos eficientes, pois senão estas falharão. Por exemplo: um celular que traga um sistema de câmeras totalmente inovador em sua concepção não poderá ter um sistema operacional que trave.

A grande oportunidade de inovar por meio de tecnologia nos trouxe a chamada "transformação digital" nas organizações, mas algo foi percebido rapidamente: não se deve simplesmente automatizar (ou digitalizar) qualquer processo, pois alguns podem ser ineficientes e estar relacionados com elevado desperdício. Digitalizar ou automatizar um processo ineficiente só acelerará a geração do desperdício. Com essa visão, algumas corporações passaram a empreender o *Lean* Digital para promover melhoria em seus processos e reduzir desperdícios, então automatizando o que gera valor, muitas vezes com o uso de RPA (*Robotic Process Automation*), que visa automatizar tarefas repetitivas). Assim, o *Lean* Digital tem sido uma boa ferramenta de apoio para a inovação evolutiva, ou seja, aumento de eficiência em processos existentes através de uso de inovação (ou automação) neles próprios.

Dizer que a eficiência não pode ser negligenciada parece um tanto repetitivo e até facilmente compreensível, não é mesmo? Mas nem sempre vemos essa obviedade ser aplicada. Algumas organizações, ao se verem chocadas com crescimentos inovadores de outras e o distanciamento de seus concorrentes, começaram a buscar a inovação e estão se saindo bem nesse objetivo, enquanto outras trilharam caminhos incompletos, claro, sem sucesso.

O que seria um caminho incompleto para uma organização que pretende atender ao cenário atual do mundo VUCA/BANI? Um exemplo seria, como mencionado antes, abandonar a atenção que deve ser dada à busca da eficiência e direcionar "todos os esforços" para a inovação. Pense no caso de uma empresa que tivesse *Lean* Six Sigma implantado e decidisse substituir a metodologia por *Scrum*, talvez por acreditar que as "metodologias" fossem intercambiáveis. Nesse caso não haveria mais uma metodologia em uso que estivesse focada em melhorar os processos.

Vale relembrar alguns conceitos muito importantes. *Lean* Six Sigma e *Scrum* não são "metodologias" intercambiáveis, pois elas têm propósitos diferentes. Enquanto o *framework Scrum* traz um foco especialmente no "como" conduzir um projeto de forma a ter entregas de valor de maneira iterativa, o *Lean* Six Sigma nos conduz a "o que" implantar de forma a melhorar o processo. Longe de serem excludentes, essas "metodologias" podem tirar bom proveito uma da outra: o *Scrum* traz subsídios de "como" conduzir um projeto e o *Lean* Six Sigma nos indica "o que" implantar. Ambas as "metodologias" podem ser utilizadas em conjunto, em diversos cenários em um **modelo híbrido**, que é o tema deste livro. Além disso, o *Scrum*, como *framework* de condução de projetos, não guarda em si mesmo o propósito de identificar quais ou como serão as inovações. Para isso existem outros métodos, como *Design Thinking*, que, em conjunto com o *Scrum*, pode identificar e promover a implantação das inovações. Existem diversos modelos híbridos que podem conter dois ou mais destes: *Scrum, Design Thinking, Lean, Lean* Six Sigma etc.

Outro exemplo de um caminho incompleto e malsucedido para se tornar uma organização de sucesso no mundo VUCA/BANI seria estabelecer iniciativas, mesmo que importantes, em direção à inovação sem prover a estrutura para suportar o próprio processo de inovação, como o obtido através de uma gestão ágil. Isso poderia acontecer por se fazer uso de "metodologias" relacionadas à inovação e acreditar que as inovações simplesmente surgirão, ou buscar uma chamada "transformação digital" por si só, com ou sem uso do *Lean*, e automatizar diversos processos, pensando que as inovações ocorrerão como consequências naturais após essa "transformação".

Em um mundo VUCA/BANI é necessário buscar efetividade, ou seja, inovações eficazes que sejam sustentadas por processos eficientes; o que inclui o próprio processo de inovação, desde a geração de ideias até a integração total da inovação dentro da organização. A própria organização, ou gestão, deve estar desenhada para suportar o processo de inovação de maneira efetiva.

Alcançar o equilíbrio efetivo de trabalhar com inovação e melhoria de eficiência não ocorre por acaso. E quando a balança pende sem justificativa estratégica para o lado da inovação ou o da eficiência, a organização sofrerá. As organizações devem se estruturar para permitir tratar eficiência e inovação ao mesmo tempo. Isso implicará, por exemplo, em capacitar pessoas nas diversas metodologias para que possam selecioná-las e aplicá-las de maneira individual ou em conjunto através de modelos híbridos.

Falamos sobre métodos, pessoas, capacitações, estruturas etc. Ou seja, estamos falando sobre um modelo de gestão que deve ter como objetivo trazer a uma organização a habilidade de trabalhar com eficiência e inovação equilibradamente, pois isso não ocorrerá por acaso. Sem um modelo de gestão adequado não será possível reagir às mudanças com efetividade e menos ainda ser a organização alavancadora da mudança inovadora sustentável e rentável no mercado.

Para atender às características desse cenário do mundo VUCA/BANI, ou novo normal, surge um modelo de gestão focado em ambos: eficiência e inovação. Tema do próximo tópico.

4.4. Organizações ambidestras

As organizações que cuidam tanto da sua capacidade de aumentar a eficiência como da de inovar eficazmente, para assim serem efetivas em um mundo VUCA/BANI, são as ambidestras. A busca do equilíbrio entre melhorar o existente e inovar é a característica típica de uma organização ambidestra.

A analogia com o termo "ambidestra" se explica porque as organizações que se esforçarem por somente um desses pilares (inovar ou aumentar a eficiência) seriam como se utilizassem somente um braço, mesmo tendo dois disponíveis, o que não faria sentido.

A organização que nesse mundo VUCA/BANI não aproveitar o avanço tecnológico para inovar de forma evolutiva (implantar uma inovação em um processo existente) ou disruptiva (implantar um processo, produto ou serviço totalmente novo) perderá sua relevância no mercado, mas, por outro lado, a que apenas focar na inovação fará com que a base de sustentação de uma excelência operacional deixe de existir, e aí as inovações "não vão parar de pé". Elas não terão uma estrutura processual adequada que proveja resultados consistentes ao longo do tempo, o que pode levar à inutilização da inovação.

Buscar somente melhoria de eficiência (ou excelência operacional) não é mais um diferencial, porém, abandonar essa base sólida de eficiência comprometerá os negócios. A busca de eficiência não pode ser abandonada. Por outro lado, é uma deficiência crítica, nesse novo normal, ter processos eficientes, incluindo gestão eficiente, que não tragam inovações eficazes, quer por não estimular ou não prover suporte à organização para que elas ocorram. Ter processos eficientes e "travados", que impedem a inovação, por qualquer razão, é uma boa forma de gerar e gerir processos que irão para o museu de empresas extintas.

A capacidade ambidestra de uma organização é o que a habilita a direcionar seus esforços, tanto em melhorar o que existe como em inovar, trazendo o novo (inovação disruptiva) e renovando o existente relevante (inovação evolutiva).

E como o modelo híbrido de metodologias afeta as empresas, que é o tema deste capítulo? Esse modelo serve de auxílio na trajetória para uma organização se tornar ambidestra. Quanto mais as organizações forem ambidestras, mais elas serão suportadas pelo modelo híbrido.

O modelo híbrido apresentado neste livro, com DMAIC, ágil/*Scrum* e *Design Thinking*, se propõe a fazer projetos de melhorias e especialmente ambidestros, nos quais existem melhorias de eficiência e inovações eficazes que são alcançadas com êxito e com filosofia ágil! O modelo híbrido é um alavancador da gestão das organizações de sucesso nesse mundo VUCA/BANI.

Os modelos híbridos aplicados a projetos que trazem inovação e melhoria do existente ao mesmo tempo nos levam a ter efetividade (fazer o certo, eficácia, e também fazer melhor, eficiência) e promovem a capacitação das pessoas para trabalhar tanto a inovação quanto a melhoria, tendo em conta a filosofia ágil. As pessoas são expostas a metodologias distintas, as aprendem por executá-las e passam a disseminar esse aprendizado na organização, auxiliando na criação de uma cultura ambidestra.

Um passo natural para a ambidestreza de uma organização é o estabelecimento de projetos que tenham característica de conter melhoria e inovação ao mesmo tempo, pois auxiliarão de forma natural a expansão do conceito ambidestro através das pessoas. O modelo híbrido atua como uma mola propulsora na espiral de evolução de uma organização tradicional, focada em eficiência, para uma organização ambidestra, que atende ao mundo VUCA/BANI com agilidade, flexibilidade e tira proveito dele de forma positiva.

E como essas organizações ambidestras estão estruturadas? Próximo tópico!

4.5. Ah... as estruturas

Existem tipicamente três modelos de estruturas utilizados pelas organizações ambidestras: o estrutural, o cíclico e o simultâneo. Apesar de cada um desses modelos ter seus benefícios e dificuldades, há uma evolução crescente de maturidade ambidestra, do modelo estrutural ao simultâneo.

O modelo estrutural estabelece duas estruturas diferentes, cada uma com seu próprio modelo de gestão e, normalmente, até mesmo separadas fisicamente: uma com o foco em eficiência operacional e outra com o foco em inovação. Esse modelo tem maior benefício quando existe um processo disruptivo inovador que ainda está em consolidação e que depois virá a ser integrado ao restante da organização.

Porém, o modelo estrutural pode gerar uma dicotomia dentro da organização e até mesmo divisão entre silos estruturais, com as destrutivas lutas de feudos e egos entre os membros de uma estrutura ou outra, algo totalmente nocivo para uma organização. Também não traz a oportunidade de toda a organização ser inovadora e, normalmente, não estimula a utilização de inovação dentro de projetos de melhoria, o que traz inovação evolutiva, pois os projetos de melhoria estão sob o comando da estrutura de eficiência, na qual inovação não é a sua habilidade ou até responsabilidade.

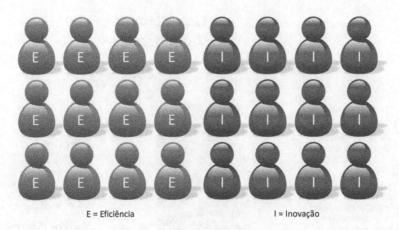

E = Eficiência   I = Inovação

O modelo de estrutura cíclica faz com que uma única equipe trabalhe focada em inovação durante um período determinado e depois alterne o foco para a excelência operacional, durante outro período definido, e depois regresse para o foco da inovação e assim sucessivamente. Dessa forma, todos os esforços da equipe focam em inovação ou aumento de eficiência, de acordo com o ciclo. Esse modelo permite que as pessoas tenham a oportunidade de vivenciar ora um modelo de gestão voltado à inovação, ora à eficiência, e, assim, quebra paradigmas e evita divisões estruturais competitivas entre si.

A dificuldade desse modelo cíclico está no fato de o modelo de gestão ter que ser alterado a cada ciclo, o que exige maturidade de todos os envolvidos. Além disso, devido ao mundo VUCA/BANI, pode ser que durante um ciclo surjam oportunidades no tema que não é o foco da equipe naquele momento – e, assim, essas oportunidades poderão ser aproveitadas tardiamente ou não plenamente ou nem mesmo identificadas.

Apesar de o modelo cíclico gerar oportunidade de as pessoas experimentarem ambos os ambientes de inovação e melhoria de eficiência, ele ainda não permite eliminar a dicotomia de se olhar ou uma coisa ou outra. Assim, esse modelo, da mesma forma como o anterior, continua a tratar a inovação e a eficiência como se fossem temas excludentes, que não se afetassem, ou que pudessem ser tratados sempre em separado, o que nem sempre é verdadeiro, pois uma inovação pode afetar a eficiência, caso seja evolutiva, e uma eficiência pode afetar uma inovação, pois pode necessitar dos processos existentes para ser efetiva. Esse modelo traz vantagens sobre o anterior, porém ainda não proporciona atuações ambidestras simultâneas e sinérgicas dentro de uma organização ou um mesmo projeto ou um tema que esteja em estudo, pois ou a ótica será a da inovação ou a da eficiência.

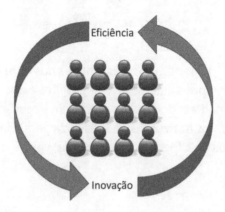

A estrutura do modelo simultâneo permite que os processos de inovação e aumento de eficiência ocorram ao mesmo tempo dentro de uma empresa, negócio ou área, sem dividir a equipe. Esse modelo é o que permite a ambidestreza no seu mais elevado nível. Ele promove uma visão ampla de oportunidades, até mesmo sinérgicas, entre inovação e melhoria de eficiência (muitas vezes dita como: melhoria operacional ou excelência operacional), sem a existência de barreiras entre o foco da inovação e melhoria; impede a formação de estruturas antagônicas; traz agilidade e flexibilidade de atuação, pois a equipe atuará de acordo com a necessidade, sem ter que esperar até um outro ciclo, como ocorre no modelo cíclico.

Porém, este é o modelo que exige a maior capacitação de todos, líderes e colaboradores, pois eles devem se apoiar para efetivamente inovar e continuar a efetuar as entregas do dia a dia com aumento de eficiência.

Os líderes precisam estar preparados para apoiar as equipes com decisões, estratégias, alinhamentos, métricas etc. de forma a trazer inovações ao mesmo tempo em que a eficiência do que é entregue no dia a dia seja mantida e até melhorada. E os colaboradores devem estar habilitados a lidar com os processos internos de inovação e melhoria de eficiência, mas mais que isso: necessitam da capacitação em metodologias distintas de inovação e melhoria. Toda a equipe deve ser híbrida: inovação e eficiência pertencem a cada um.

Isso o lembra de algo? Equipe com pessoas híbridas nos remete a: modelos híbridos! Novamente, modelos híbridos de atuação em projetos estão na base da construção de equipes verdadeiramente híbridas! Eles permitem a mudança de modo de pensar das pessoas, ampliando os horizontes da eficiência para a inovação ou vice-versa, sem perder nenhum dos dois focos e com o *mindset* ágil.

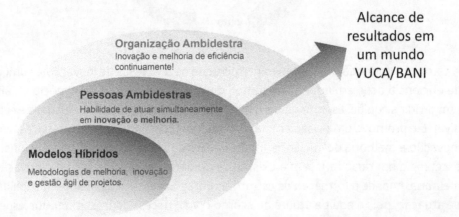

Essa abordagem permite que uma área, um negócio e até toda uma organização chegue a ser efetivamente ambidestra. Mas isso nos leva a uma pergunta ainda não feita aqui: e a área chamada "excelência", "inovação" ou qualquer outro nome relativo à melhoria ou a alguma metodologia? O que vai acontecer com essa área "X" (vamos chamá-la assim por facilidade)?

As organizações que têm uma área responsável por melhoria, projetos ou inovações muitas vezes dão denominações a essas áreas de maneira identificadora com o seu propósito ou principal método aplicado. Vemos áreas chamadas: 5S, *Lean*, *Lean* Six Sigma, Excelência, Inovação etc.

Com a evolução das organizações no uso de metodologias, muitas vezes os nomes das áreas são alterados, passando do nome de uma metodologia para outra ou para algo mais genérico, como uma área antes chamada de "*Lean* Six Sigma" que passa a ser chamada de "Excelência" ou "X".

E o amadurecimento das organizações em direção à ambidestreza (foco em inovação e melhoria ao mesmo tempo) leva mais uma vez à mudança de nome da área "X". Isso é uma evolução muito típica de ser observada, assim como é muito recorrente a transformação dessa área "X" para ser a primeira área ambidestra no modelo simultâneo ou de foco híbrido, pois a estrutura dessa área já tinha o foco em uma das disciplinas (inovação ou melhoria) e aí basta, por assim dizer, acrescentar a capacitação da disciplina faltante.

Algumas vezes, as organizações passam a ter duas estruturas (modelo estrutural) e depois juntam as equipes e capacitam as pessoas na disciplina que lhes falte. Dessa forma, obtém-se uma área com modelo simultâneo e depois esse modelo é replicado através dos negócios ou o modelo é espalhado nos demais negócios por alocar pessoas ambidestras e capacitar as pessoas da organização.

Podemos ilustrar essa evolução em direção à ambidestreza organizacional com o que ocorreu com o tema "segurança" ao longo das décadas dentro das organizações. Inicialmente, a segurança era responsabilidade de uma área, que se encarregava de puxar ou empurrar toda a organização na direção da segurança, e essa área era a "culpada" pelo nível de segurança que se tinha. Com o passar do tempo, mais e mais pessoas foram capacitadas e sensibilizadas no tema segurança, e isso se tornou algo pertencente a todos dentro das organizações. Do mesmo modo, a ambidestreza verdadeira, essa habilidade de lidar tanto com a inovação como com a melhoria, é alcançada quando pertence e é exercida por todos dentro de uma organização e, assim, deixa de ser responsabilidade, ou até culpa, de uma ou outra área.

Nesse cenário, aquela área denominada "X" ainda poderá existir, assim como ainda existem áreas chamadas "Segurança" dentro das organizações; porém, o foco dessas áreas será o suporte para que todas as pessoas possam ser sensibilizadas e capacitadas a atuar com ambidestreza no seu dia a dia e nos projetos aliados às estratégias. As áreas "X" não serão tipicamente as responsáveis pela execução de algo, mas proverão suporte para que as atuações ambidestras dentro dos negócios e áreas ocorram. Para isso, poderão prover capacitações, treinamentos, informações, orientações, consultorias etc. às demais pessoas e áreas da organização de forma que a ambidestreza da organização seja efetiva.

76 Modelo Híbrido

As estruturas distribuídas dentro do modelo ambidestro simultâneo ágil trazem um grande diferencial em termos de interação, agilidade, clareza, entendimento e visão que se obtém em uma organização quando se comparam com estruturas de modelos centralizados ou descentralizados. Como nos mostra a figura a seguir, em uma rede distribuída, as informações fluirão com maior velocidade por toda a organização.

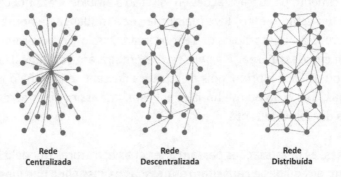

Rede Centralizada — Rede Descentralizada — Rede Distribuída

Com uma rede distribuída ágil no modelo ambidestro simultâneo, o conhecimento flui por toda a organização preparada para inovar e melhorar ao mesmo tempo, uma estrutura híbrida de inovação e eficiência, para a qual o modelo híbrido se torna uma ferramenta do dia a dia, pois é a forma normal das pessoas trabalharem. Assim, temos a figura da **organização ambidestra ágil**, a qual atua com modelos híbridos, capacita pessoas em inovação e eficiência, e trabalha com redes distribuídas.

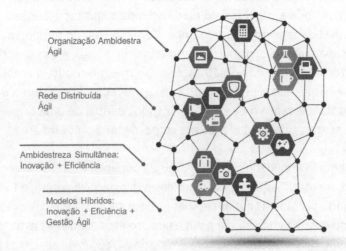

Organização Ambidestra Ágil

Rede Distribuída Ágil

Ambidestreza Simultânea: Inovação + Eficiência

Modelos Híbridos: Inovação + Eficiência + Gestão Ágil

A habilitação simultânea das pessoas em inovação e eficiência proporciona condições para a aplicação efetiva de técnicas como *deep learning*, *machine learning*, inteligência artificial e IoT (internet das coisas), pois abre toda a organização para pensamentos divergentes e convergentes, que permitem a identificação de novas oportunidades de uso dessas técnicas e sua implantação.

Exige-se empenho direcionado para alcançar esse nível de **organização ambidestra simultânea ágil**, porém um primeiro passo nessa direção é: modelos híbridos de metodologias com inovação e eficiência. É exatamente esse tipo de modelo que apresentamos neste livro. Esperamos que você possa fazer bom uso do modelo apresentado e possa se tornar ambidestro na aplicação de inovação e melhoria de eficiência. Isso o preparará para participar e ser a mudança!

Por falar nisso...

4.6. O profissional das áreas de excelência ou inovação

Se você é esse profissional e leu na sequência este capítulo até agora, certamente já percebeu que, se a vida mudará, você tem as opções de não mudar e migrar para organizações que não serão protagonistas nesse mundo VUCA/BANI ou esperar ser mudado: aguardar a sua organização se movimentar e então "ir na onda", juntamente com os demais, sem destaque positivo algum. Ou ainda poderá ser o agente de mudança de você mesmo e talvez até de uma organização. Preferimos a última opção.

Para ser a mudança de si mesmo, verifique para qual disciplina você já possui capacitação, como talvez melhoria de eficiência com *Lean* Six Sigma. Se possui essa habilitação, nesse exemplo como sendo *Green* ou *Black Belt*, então procure se movimentar para se habilitar em inovação – por exemplo, com *Design Thinking*. Conhece algum *framework* ágil, como *Scrum*? Entenda quais são as metodologias que, ao serem agregadas ao seu conhecimento, poderão ser de maior significado para você.

Busque você mesmo ser ambidestro. Conheça "metodologias" distintas e utilize-as conforme a necessidade e conjuntamente através de modelos híbridos. Limitar-se sempre ao uso de uma mesma alternativa, ou uma única metodologia, ou até mesmo ser o seu defensor, fará você se tornar alguém que não proporcionará as soluções efetivas (inovação e melhoria de eficiência) que as organizações necessitam em um mundo VUCA/BANI. Seja ambidestro, inicie essa jornada através dos modelos híbridos com metodologias de eficiência (como *Lean* Six Sigma), inovação (como *Design Thinking*) através de um *framework* ágil (como *Scrum*), assim como o modelo apresentado neste livro. Que o apresentado neste livro seja um bom germe de mudança!

Sucesso!

5. DMAIC híbrido

Será dentro das etapas do DMAIC que ocorrerá o "sincretismo" entre o *Lean* Six Sigma, o *Design Thinking* e os métodos ágeis. Vamos precisar de conceitos e métodos que fundamentem a composição e integração dessas metodologias.

Para contribuir com um fundamento conceitual e uma inspiração nessa jornada, devemos manter sempre em mente os seguintes objetivos do modelo híbrido:

- Estabelecer um método de desenvolver projetos que nos ajude a resolver problemas e/ou atingir metas com máxima efetividade.
- Concluir com sucesso o projeto utilizando o mínimo de recursos possível com entrega de resultados antecipados.
- Entregar valor, no caso melhorias e/ou inovações, de forma contínua durante todas as etapas do DMAIC.

Visando atender a esses objetivos, é imperativo estabelecermos inicialmente um ciclo iterativo padronizado que guiará as ações no desenvolvimento do projeto em cada etapa do DMAIC.

5.1. Ciclo iterativo – DMAIC híbrido

Em busca de efetividade (eficiência + eficácia) e simplicidade, sintetizamos o seguinte ciclo iterativo composto por três partes que estabelecem ações focadas em levantar e implementar melhorias incrementais no processo:

5.1.1. Identificar

- Mapear e identificar variáveis críticas do processo (X) com alto impacto no desempenho e resultado esperado (Y).
- Identificar deficiências ou oportunidades de melhorias relacionadas aos Xs críticos que afetam o desempenho (Y).

5.1.2. Priorizar

- Selecionar melhorias potenciais nos Xs críticos.
- Priorizar as melhorias e definir plano de ação.

5.1.3. Implementar

- Implementar a melhorias priorizadas.
- Medir eficácia das melhorias.

A aplicação de metodologias e ferramentas dentro de cada ciclo iterativo terá configurações e combinações específicas e adequadas ao propósito de cada etapa do DMAIC.

Podemos vislumbrar na representação a seguir como o ciclo iterativo híbrido proporcionará entregas de melhorias durante as etapas do DMAIC:

80 Modelo Híbrido

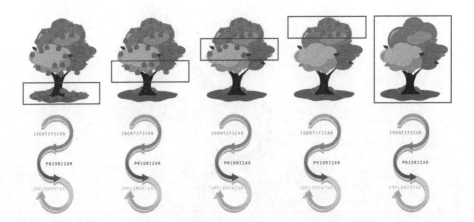

Esse formato será nosso padrão e fundamento a ser aplicado durante todo o desenvolvimento do projeto de melhoria.

Vale reforçar que não temos a pretensão de estabelecer um padrão único e limitador para aplicação das ferramentas dentro dos ciclos iterativos. A intenção é estabelecer diretrizes embasadas em uma estratégia metodológica norteadora de possibilidades de viabilizar entrega contínua de melhorias em um projeto que adote o modelo híbrido. Mais uma vez, cabe citar que utilizamos a palavra "melhoria" de forma abrangente, ou seja, pode incluir a introdução de uma inovação que traria, por fim, uma melhoria.

Nesse e nos próximos capítulos vamos trazer reflexões, sugestões e possibilidades para aplicação integrada do *Lean* Six Sigma com o *Design Thinking* e os métodos ágeis como base de realização eficaz dos ciclos iterativos híbridos em cada etapa do DMAIC.

5.2. Reflexões sobre eficiência metodológica

Em nossa experiência em orientar projetos *Lean* Six Sigma visando certificação de especialistas, em muitas situações deparamos com um desequilíbrio entre complexidade do projeto e o volume de ferramentas analíticas e estatísticas utilizadas.

Nesse cenário, as equipes utilizam tempo e recursos na aplicação de ferramentas e análises que não seriam necessárias, dada a complexidade do projeto.

Isso ocorre, entre outras razões, por uma visão linear de desenvolvimento de projetos, ou seja, por conduzir o projeto seguindo um padrão de sequenciamento de ferramentas *Lean* Six Sigma. É natural seguirmos modelos mentais e reproduzirmos padrões conhecidos visando segurança e confiabilidade no resultado.

Mesmo atingindo os objetivos do projeto, essa abordagem muitas vezes se mostra ineficiente, gerando desperdícios de recursos e demandando mais tempo para conclusão do projeto. Outra consequência negativa que pode ocorrer é geração de um estigma para muitos gestores de que o *Lean* Six Sigma é muito complexo, burocrático e demorado.

Estamos falando da percepção dos gestores, que em muitas situações não está correta. As organizações estão com equipes enxutas, demandas que se multiplicam, projetos simultâneos etc. Os gestores, com razão, necessitam com urgência de modelos que proporcionem soluções rápidas e eficientes que contribuam para o atingimento dos seus objetivos e metas.

O risco que se corre é tentar resolver problemas complicados com soluções simplistas ou resolver problemas simples com metodologias complicadas. O modelo híbrido busca equilíbrio e maior eficiência entre complexidade do projeto, tempo e utilização de recursos.

O grande valor que os métodos ágeis trazem para dentro do modelo DMAIC é estabelecer uma nova abordagem de agilidade, flexibilidade e eficiência no desenvolvimento de projetos de melhoria.

A beleza do modelo híbrido está em combinar, com sinergia, o pensamento e os fundamentos do ágil com a robustez metodológica do *Lean* Six Sigma e o encontro da inovação correta através do *Design Thinking*. O lado bom é que não precisamos "reinventar a roda", mas, sim, buscar com inteligência formas de usar harmoniosamente a melhor aplicação integrada do amplo arsenal de métodos, conceitos e ferramentas fornecidos pelos métodos ágeis, *Lean* Six Sigma e *Design Thinking*.

Naturalmente, sendo coerente e flexível na busca pela perfeição, precisamos deixar espaço e abertura para adicionar qualquer outra metodologia que mostre valor e agregue efetividade na procura por soluções e inovações.

Estamos prontos, então, para iniciar nossa jornada de construção do modelo híbrido com base na utilização do ciclo iterativo dentro das etapas do DMAIC.

5.3. Dinâmica do ciclo iterativo

O ciclo iterativo híbrido propicia infinitas combinações de metodologias e ferramentas. Muitas serão utilizadas pontualmente e outras fornecerão um método padrão em todas as etapas do DMAIC.

Na tabela a seguir temos a composição do formato de aplicação das metodologias dentro do ciclo iterativo:

1. Identificar
• Aplicação de metodologias *Lean* Six Sigma, *Design Thinking* e métodos ágeis por etapa do DMAIC.
2. Priorizar
• Estruturação do *backlog* de melhorias • Priorização das melhorias • Composição da *Sprint*
3. Implementar
• Planejamento da *Sprint* • *Sprint* de melhorias • *Daily Scrum* • Revisão da *Sprint* • Retrospectiva da *Sprint*

Nessa composição, será na etapa **Identificar** que ocorrerá o maior "sincretismo" metodológico, trazendo infinitas possibilidades de combinar e integrar a aplicação das ferramentas *Lean*, Six Sigma, métodos ágeis e *Design Thinking*, bem como adicionar outros métodos que agreguem valor na identificação de melhorias potenciais para o processo.

Já nas atividades de **Priorizar** e **Implementar** teremos um modelo de aplicação de metodologias mais instrumentalizado e padronizado.

Com esse entendimento, podemos avançar para conhecer a estratégia de integração e padronização dentro do ciclo iterativo.

5.3.1. Identificar

Para obter êxito em mapear e identificar corretamente as variáveis críticas (X) e levantar melhorias impactantes no processo, o principal desafio do método híbrido nessa primeira parte do ciclo iterativo será combinar e integrar harmonicamente a vasta gama de metodologias e suas ferramentas disponíveis. Nos próximos capítulos vamos explorar e detalhar essa composição em cada etapa do DMAIC.

Ao final desse esforço analítico e metodológico, a equipe terá em mãos um conjunto amplo de informações e análises sobre o processo, suas variáveis, seu nível de desempenho, problemas e, principalmente, uma lista de sugestões de melhorias potenciais alinhadas aos objetivos do projeto.

5.3.2. Priorizar

Com o ganho de conhecimento sobre o processo, produto ou serviço, suas variáveis e potencialidade de melhoria e inovação, nessa segunda parte do ciclo iterativo temos o importante objetivo de selecionar e priorizar as melhorias potenciais identificadas.

Visando efetividade nesta tarefa, temos a possibilidade de estabelecer um formato de trabalho padronizado a ser seguido em todas as etapas do DMAIC. Esse padrão será estruturado com base no método ágil *Scrum* e na matriz de esforço e impacto, que, combinados, darão maior efetividade para a execução das seguintes atividades:

- Estruturação do *backlog* de melhorias
- Priorização das melhorias
- Planejamento das *Sprints* de melhoria

Vamos entender essa dinâmica.

5.3.2.1. Estruturação do *backlog* de melhorias

O *backlog* do produto normalmente é formado a partir de uma lista de funcionalidades e requisitos de desempenho desejados pelo cliente para um produto ou serviço.

Em um projeto híbrido, essas funcionalidades estarão indicadas na seção "requisitos" do *canvas*. Já o *backlog* do produto será formado pelas melhorias potenciais identificadas em cada ciclo iterativo.

84 Modelo Híbrido

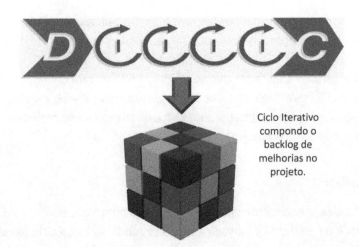

Ciclo Iterativo compondo o backlog de melhorias no projeto.

Podemos entender que temos um sistema evolutivo de retroalimentação de informações e melhorias a cada rodada do ciclo iterativo que irá compor o *backlog* de melhorias: D, M, A, I e C.

Para a seleção e priorização das melhorias levantadas, temos na **matriz esforço x impacto** uma importante ferramenta. Ela permite, de forma simples e visual, distribuir em quatro quadrantes todas as oportunidades de melhorias identificadas, conforme seu impacto nos objetivos do projeto e o grau de esforço exigido para sua implantação.

Na figura a seguir temos uma representação de um modelo da matriz esforço x impacto:

A partir dessa classificação, para compor o *backlog* das melhorias serão selecionadas as melhorias classificadas nos seguintes quadrantes:

> - Alto impacto/baixo esforço
> - Alto esforço/alto impacto
> - Baixo esforço/baixo impacto

As melhorias classificadas no quadrante alto esforço/baixo impacto não serão priorizadas. É interessante mantê-las no quadrante como referência, já que possibilita identificar outras melhorias viáveis nos próximos ciclos iterativos.

> Dica: buscando praticidade, essa matriz pode ser utilizada como repositório do *backlog* de melhorias do projeto. Na dinâmica da equipe pode-se utilizar uma folha de *flip chart*, *post-its* e/ou *templates* e modelos disponíveis em plataformas digitais.

Podemos visualizar uma combinação híbrida entre a matriz esforço x impacto e o *backlog* de melhorias como repositório de melhorias potenciais.

IMPACTO		BAIXO ESFORÇO	ALTO ESFORÇO
	ALTO	I - Melhorias Priorizadas	II - Backlog de Melhorias
	BAIXO	III - Backlog de Melhorias	IV - Melhorias não viáveis

Matriz Esforço X Impacto

Para reforçar, cada ciclo iterativo realizado dentro do DMAIC incrementará o *backlog* de melhorias com novas melhorias potenciais.

5.3.2.2. Priorização das melhorias

Em cada ciclo iterativo realizado, a equipe tem a missão de selecionar quais das melhorias do *backlog* de melhorias potenciais serão implementadas na *Sprint* corrente e quais serão deixadas para nova análise e seleção nos próximos ciclos.

A matriz esforço x impacto será de grande ajuda, uma vez que fornece indicação eficiente para a priorização. As melhorias classificadas no quadrante I (alto impacto/baixo esforço) podem ser selecionadas e priorizadas diretamente.

Cabe à equipe avaliar as melhorias classificadas nos quadrantes II e III e selecionar aquelas que julguem importantes e relevantes para serem implementadas na *Sprint* do ciclo iterativo corrente.

Todas as melhorias selecionadas para a *Sprint* da etapa atual do DMAIC devem ser transferidas da matriz esforço x impacto para o *Sprint Board*.

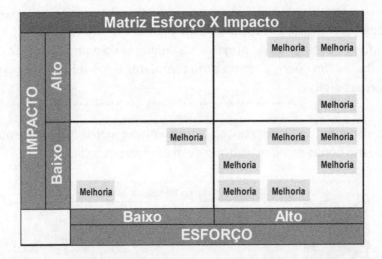

> **Dica:** as melhorias, quando utilizadas em formato de *post-it*, podem ser transferidas diretamente da matriz para a coluna *backlog* no layout do *Sprint Board*.

5.3.2.3. Composição da *Sprint*

Para cumprirmos o objetivo do modelo híbrido de gerar melhorias antecipadas, a estratégia será realizar pelo menos uma *Sprint* de melhoria em cada etapa do DMAIC.

Temos, portanto, uma previsão de realização de cinco *Sprints* de melhoria durante todo o desenvolvimento do projeto. Como já discutimos anteriormente, podemos atingir os objetivos e metas do projeto com um menor número de *sprints*, buscando a eficiência metodológica. Nesses casos não será necessário realizar as cinco *Sprints* previstas. Vamos discutir melhor essa questão no final deste capítulo.

Esse formato evolutivo, tanto para a construção do *backlog* de melhorias quanto para a composição e realização das *Sprints*, requer uma abordagem flexível e eficaz de planejamento e gestão do projeto.

Uma boa ferramenta para contribuir com essa demanda é o *Sprint Board*, já que ele permite uma visão sistêmica da realização das *Sprints*:

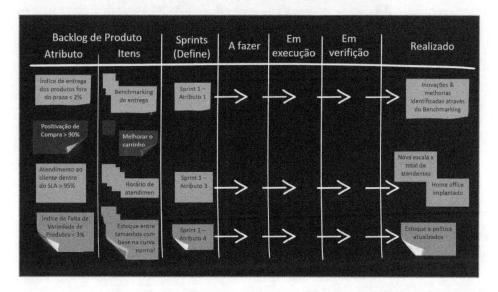

A seguir, apresentamos um modelo de um *Sprint Board* ajustado para o modelo híbrido considerando as *Sprints* do DMAIC:

Sprint	Sprint Backlog	Ações de melhoria			
		A fazer	Em execução	Em verificação	Realizado
D					
M					
A					
I					
C					

O *Sprint Board* possibilita melhor gerenciamento ao permitir o acompanhamento das melhorias conforme o desenrolar das ações combinadas nas diversas etapas do projeto. As melhorias priorizadas na matriz esforço x impacto irão compor o *Sprint Board*.

Cada etapa do DMAIC adicionará as melhorias a serem implementadas no *Sprint Board*, que será complementado incrementalmente.

Para as melhorias que não puderem ser implementadas integralmente no tempo da *Sprint* da etapa do projeto, a equipe deverá particioná-las em ações dimensionadas no tempo previsto para as *Sprints* das demais etapas do DMAIC.

Sprint	Sprint Backlog	Ações de Melhoria			
		A fazer	Em Execução	Em Verificação	Realizado
D					
M					
A					
I					
C					

Ao final dessa etapa do ciclo iterativo, a equipe terá estruturado o *backlog* de melhorias na matriz e as melhorias selecionadas no *Sprint Board*.

5.3.3. Implementar

Nessa última parte do ciclo iterativo, os métodos ágeis serão de grande contribuição ao trazer eficiência e agilidade na implementação das melhorias priorizadas. O *framework* do *Scrum* traz formas dinâmicas e flexíveis para gerar as entregas de melhorias incrementais no final do ciclo iterativo.

Os componentes do time *Scrum* possuem papéis e responsabilidades distintas e complementares que serão equivalentes aos papéis dos agentes que atuam nos projetos *Lean* Six Sigma:

Papéis Time Scrum	Papéis Lean Six Sigma
Product Owner	**Sponsor**
• Representa o cliente	• Representa o cliente
• Visão	• Visão
• Interface estável	• Interface estável
Team Member	**Team Member**
• Processo estável	• Processo estável
• Melhoria contínua	• Melhoria contínua
Scrum Master	**Project Leader**
• Competência	• Competência
• Conhecimento	• Conhecimento
• Valor	• Valor

As atividades da etapa **Implementar** do ciclo iterativo serão realizadas de acordo com os cinco eventos do *framework* do *Scrum*.

5.3.3.1. Planejamento da *Sprint*

Com base no *Sprint Board*, a equipe irá se organizar para implementar as ações de melhoria definidas num horizonte de tempo curto dimensionado para a *Sprint*, normalmente de uma a quatro semanas. A equipe analisará cada melhoria a ser implementada na *Sprint* e detalhar ações operacionais que possam ser realizadas no tempo definido para a *Sprint*.

Aquelas melhorias que demandarem maior tempo de implantação deverão ser particionadas em entregas a serem realizadas no horizonte de tempo das próximas *Sprints* previstas no projeto.

Sprint	Sprint Backlog	Ações de Melhoria			
		A fazer	Em Execução	Em Verificação	Realizado
D					

Com esse detalhamento de ações, o *Sprint Board* ganhará uma visão sistêmica para a gestão das ações do projeto.

5.3.3.2. Sprint de melhorias

A equipe se organiza para implantar as ações de melhorias a partir das ações detalhadas na coluna "A fazer" do *Sprint Board*.

Sprint	Sprint Backlog	Ações de Melhoria			
		A fazer	Em Execução	Em Verificação	Realizado
D					

Normalmente, as equipes do *Scrum* têm dedicação integral ao desenvolvimento do produto, o que não ocorre geralmente com as equipes de melhoria de excelência operacional, que têm dedicação parcial.

É importante a equipe do projeto organizar as atividades relacionadas aos eventos *Scrum* de forma compatível com sua dedicação ao projeto e o tempo definido para a realização da *Sprint*.

5.3.3.3. Daily Scrum

A equipe realiza reuniões, diárias ou periódicas, de acompanhamento dos progressos da implementação das ações planejadas. No modelo ágil, essa reunião segue o formato "standup" com duração em torno de 15 minutos. Em um projeto híbrido, as reuniões podem ter uma frequência maior que diária, dependendo da dedicação e evolução da equipe. O *Sprint Board* será utilizado como ferramenta ágil para acompanhamento da efetividade na execução das ações programadas.

5.3.3.4. Revisão da Sprint

Após concluída a implementação das ações do *Sprint Board*, o *sponsor* (*Product Owner*) e a equipe avaliam a efetividade das melhorias no processo e no projeto como um todo.

A utilização da **gestão à vista** se mostra como boa prática para avaliar e comunicar a evolução dos indicadores do projeto (Y) conforme os ciclos iterativos ocorrem. Há múltiplos formatos possíveis.

Como sugestão, apresentamos algumas possibilidades:

> O acompanhamento pode ser com *dashboard* de gráficos de gerenciamento do projeto.

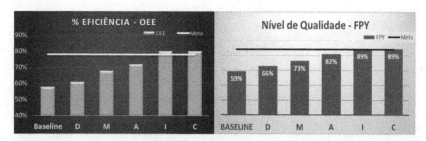

> Quadro com os indicadores e seu desempenho em cada etapa do projeto:

Indi-cador	Baseline	D	M	A	I	C	META
OEE	58%	58%	64%	68%	74%	78%	75%
OTIF	62%	68%	79%	88%	94%	96%	95%
FPY	59%	62%	66%	73%	82%	89%	89%

É fundamental que a análise seja abrangente e busque quantificar e avaliar o impacto das ações de melhoria no desempenho dos indicadores do projeto, bem como verificar o progresso com relação ao cumprimento dos objetivos e metas estabelecidos no *canvas*.

Com esse entendimento, o *sponsor* e a equipe têm os subsídios necessários para definir os próximos passos para a continuidade do projeto dentro de dois cenários possíveis:

O projeto ter atingido as metas

A equipe constata, com base em dados e fatos, que as ações de melhoria foram eficazes e capazes de atender aos objetivos e metas estabelecidos para o projeto.

Antes de seguirmos, vale a pena resgatar um dos fundamentos do modelo híbrido: "concluir com sucesso o projeto utilizando o mínimo de recursos possível com entrega de resultados antecipados".

Nesse cenário, em consonância com os fundamentos dos métodos ágeis, temos a opção de pular as próximas etapas do DMAIC e avançar o projeto diretamente para a última etapa, **Control**, em que serão necessárias uma série de atividades, definições e ações ligadas a documentação, treinamentos, definições e ações de controle com a abordagem de sustentabilidade das melhorias.

No Capítulo 10 abordaremos com detalhes as atividades a serem realizadas na etapa **Control**.

Essa configuração torna o projeto híbrido muito ágil ao entregar ganhos e melhorias com menor utilização de recursos e tempo do que um projeto tradicional.

O projeto não ter atingido as metas

Caso a equipe constate que as melhorias e ganhos de desempenho obtidos não foram suficientes para atingir os objetivos e metas do projeto, deve-se seguir para a próxima etapa do DMAIC visando realizar um novo ciclo iterativo, identificar novas melhorias e atingir as metas do projeto.

No exemplo a seguir temos um *Sprint Board* na etapa **Measure** do projeto, em que podemos observar que as ações previstas para a *Sprint* do **Define** estão implementadas (coluna "Realizado") e as ações na etapa **Measure** estão em execução.

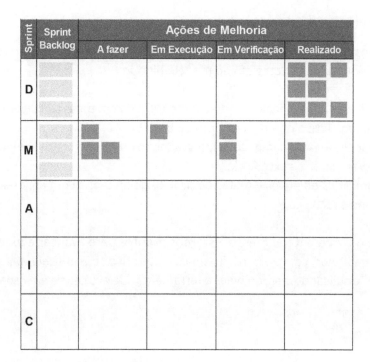

> **Dica:** à medida que a equipe, durante a evolução do projeto, ganha entendimento das variáveis críticas do processo, é importante que sejam definidas sugestões de ações de controle para serem avaliadas e executadas na *Sprint* Control.

Na dinâmica da *Sprint*, é importante que a equipe verifique e valide a implementação das ações de melhoria conforme planejado e só então classifique no *Sprint Board* as ações na coluna "Realizado".

5.3.3.5. Retrospectiva da *Sprint*

Com base nas medições realizadas e na experiência de trabalho durante todo o ciclo iterativo, a equipe realiza a retrospectiva da *Sprint* visando:

- Avaliar o desempenho da *Sprint* em relação às pessoas, aos relacionamentos, aos processos e às ferramentas.
- Identificar e ordenar os principais aspectos positivos na condução das *Sprints* e também potenciais melhorias.
- Criar um plano para implementar melhorias no modo de atuação da equipe *Scrum* para as próximas etapas do DMAIC.

5.4. Papel do ciclo iterativo híbrido

Exploramos neste capítulo os seguintes fundamentos do ciclo iterativo visando equacionar questões estratégicas do modelo híbrido:

> - Estabelecer um modelo e padrão a ser utilizado em todas as etapas do DMAIC para um efetivo desenvolvimento do projeto.
> - Atuar como fator agregador e integrador do amplo espectro de metodologias e ferramentas de excelência.
> - Alcançar os objetivos e metas do projeto de melhoria com racionalização de tempo e recursos.

Com essa base de entendimento, estamos prontos para avançar e explorar, nos próximos capítulos, como o conceito do ciclo iterativo será utilizado para integrar, sincronizar e aplicar as metodologias e ferramentas de excelência em cada etapa do DMAIC.

6. Define híbrido

O **Define** tem importância estrutural na medida em que estabelece os fundamentos e o propósito para o projeto de melhoria a ser desenvolvido. É o marco inicial de uma jornada de desafios e expectativas. Para muitos, pode parecer uma etapa mais simples, pela sua característica de formalização do projeto e pela menor necessidade de aplicação de ferramentas analíticas e estatísticas.

Porém, esse raciocínio é equivocado, pois nossa experiência tem mostrado que a falha nessa etapa pode comprometer todo o trabalho da equipe, levando a caminhos erráticos e gerando desperdícios de recursos, tempo e frustração a todos os envolvidos.

Mesmo sendo uma etapa que demanda menor arsenal metodológico, é interessante observar a extensa lista de objetivos a serem alcançados:

- ➢ Estabelecer entendimento claro do problema a ser solucionado.
- ➢ Definir os processos envolvidos no escopo do projeto de melhoria.
- ➢ Identificar as entregas do processo e seus clientes.
- ➢ Levantar as expectativas e especificações dos clientes.
- ➢ Identificar entradas necessárias do processo e seus fornecedores.
- ➢ Descrever claramente o problema.

- ➢ Definir os indicadores-chave do projeto.
- ➢ Definir objetivos e meta para o projeto.
- ➢ Estabelecer papéis e responsabilidades.
- ➢ Estruturar a equipe responsável por conduzir os estudos e análises.
- ➢ Correlacionar o impacto do problema com os indicadores-chave/estratégias do negócio.
- ➢ Levantar dados históricos de desempenho do processo.
- ➢ Planejar as etapas de desenvolvimento do projeto.
- ➢ Obter o compromisso da liderança em suportar o desenvolvimento do projeto.
- ➢ Levantar e mitigar riscos e obstáculos.

Para atender a toda essa demanda de objetivos, é possível utilizar diversos modelos, métodos e ferramentas. Vamos aqui nos ater a algumas ferramentas estruturais importantes no **Define** para nosso propósito do modelo híbrido.

6.1. Modelo híbrido aplicado ao Define

O primeiro passo é incorporar novos conceitos e metodologias, principalmente os relacionadas ao *agile* nesse início do projeto. Portanto, ser ágil no **Define** híbrido significa entregar melhorias incrementais ao processo, produto ou serviço concomitantemente ao processo de entendimento, descrição e definição do problema a ser desdobrado durante a execução do projeto.

Isso nos traz um grande desafio: como gerar melhorias e ganhos incrementais já no **Define**?

6.2. Composição de metodologias e ferramentas

Por razões históricas, achamos justo começar nossa construção metodológica com os fundamentos do *Lean*. Vale a pena lembrar que os métodos ágeis foram desenvolvidos a partir da aplicação dos conceitos do *Lean* para atingir maior eficiência no desenvolvimento de software.

O *Lean* tem o objetivo de construir fluxos que entreguem valor continuamente aos clientes utilizando a estratégia de eliminação de desperdícios e busca contínua da perfeição.

Nessa concepção, podemos entender que a consolidação da metodologia e cultura *Lean* é um pré-requisito para ser uma empresa ágil.

O início da jornada *Lean* é identificar e desenhar as principais cadeias de valor do negócio para que sejam a base para construção da excelência operacional.

Vamos abrir um parêntese e chamar a atenção para uma questão muito importante relacionada a programas de melhoria contínua:

"Ter o VSM (Mapa do Fluxo de Valor) desenvolvido e atualizado!!!!"

Entendemos que ter a cadeia de valor descrita seja uma forma adequada para iniciarmos a jornada de construir o modelo híbrido. O VSM traz inúmeras vantagens para a gestão:

> - Oferece grande contribuição para a formulação de estratégias de negócio, por endereçar questões relevantes para análise de SWOT e definição de objetivos e metas.
> - É uma ferramenta fundamental para identificar e priorizar projetos de melhoria que tenham maior impacto na efetividade de entregar valor ao cliente.
> - Estabelece um *baseline* e um padrão para a melhoria contínua ao possibilitar a medição da evolução e a melhoria de desempenho dos processos que compõem a cadeia de valor.

Uma importante ferramenta do *Lean* que contribui para a modelagem híbrida é o *Kaizen*, por ter em seu "DNA" um formato de atuação flexível, ágil e eficiente para análise e implementação de melhorias de forma rápida e eficaz. Vamos preservar os fundamentos do *Kaizen* através dos métodos ágeis.

Para completar um menu de ferramentas para o **Define** híbrido, da parte dos métodos ágeis, além do *Scrum* e seu papel fundamental na implementação das ações dentro do ciclo iterativo, vamos agregar algumas ferramentas do Six Sigma, do *Design Thinking* e do *canvas*.

Podemos então vislumbrar um menu de metodologias e ferramentas estruturais para a composição do **Define** híbrido:

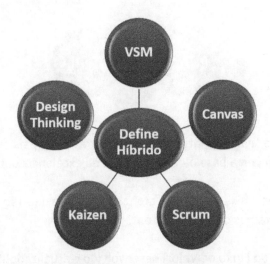

Nessa configuração, o **Define** híbrido será composto, portanto, por um espectro muito mais amplo de metodologias, conceitos e ferramentas, criando condições para a realização de melhorias expressivas no início do projeto.

Com mais eficiência metodológica nessa etapa, a possibilidade instigante que se apresenta é que, dependendo da complexidade do projeto, é possível atingir os objetivos e metas do projeto nessa fase, dado que se tem um ciclo completo de melhoria nesse estágio do **Define**.

Em muitas situações, o *Lean* se mostra robusto o suficiente para construir um novo processo com desempenho superior de forma simples, ágil e rápida. Nesse sentido, é importante buscarmos manter o espírito do *Lean* de realizar múltiplas melhorias, os famosos "quick wins", que, em sua totalidade, proporcionam ganhos significativos e impactantes no processo.

Assim, dependendo do escopo e das demandas de melhoria do projeto, utilizando o princípio do *Kaizen*, potencializado com os métodos ágeis, podemos atingir nossas metas de forma ágil, com muita eficiência e num espaço curto de tempo, já no **Define**!

6.3. Ciclo iterativo Define híbrido

Vale ressaltar que não temos o propósito de ensinar ou detalhar com profundidade os conceitos e a mecânica dos métodos e ferramentas utilizados no ciclo iterativo, mas, sim, seu propósito e valor para gerar entregas contínuas de melhorias no conceito do modelo híbrido.

Para iniciarmos a composição de metodologias precisamos estabelecer as atividades a serem desenvolvidas no ciclo iterativo nessa etapa do **Define** híbrido:

1. Identificar
• Estruturar o projeto de melhoria • Empatia e voz do cliente • Entender/enxergar o fluxo de valor • Análise de valor *Lean*
2. Priorizar
• Estruturação do *backlog* de melhorias • Priorização das melhorias • Composição da *Sprint*
3. Implementar
• Planejamento da *Sprint* • *Sprint* de melhorias • *Daily Scrum* • Revisão da *Sprint* • Retrospectiva da *Sprint*

Estamos prontos para entender o modelo de aplicação dos conceitos, métodos e ferramentas em cada parte do ciclo iterativo do **Define** híbrido.

6.3.1. Identificar

6.3.1.1. Estruturar o projeto de melhoria

Temos que formalizar o projeto para atender a vários objetivos apresentados no início deste capítulo. O *canvas* tem se mostrado adequado às demandas atuais dos métodos ágeis, pois utiliza o princípio da gestão à vista de sumarizar em uma "tela" todas as informações oriundas de análise, planejamento ou estudo.

É uma forma prática, visual e intuitiva de entender sistemicamente o contexto de um projeto com foco em melhoria. O *canvas* pode ser utilizado em diversas situações. Um bom exemplo de aplicação, muito difundido no mercado, é o *Business Model Canvas*, utilizado para desenvolver modelos de novos negócios.

Para o contexto de um projeto, o *Project Model Canvas* atende plenamente à demanda de estruturação do projeto de melhoria nos moldes do tradicional *Project Charter* ou Termo de Abertura de Projeto. O *PM Canvas* desenvolve e integra os principais elementos necessários para o gerenciamento do projeto, na medida em que facilita, simplifica e agiliza o processo de planejamento de um projeto de melhoria.

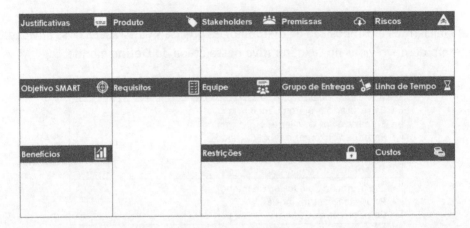

Já que estamos em uma abordagem híbrida, podemos complementar ou adaptar os campos do *canvas* aos propósitos necessários para a boa condução e gestão do projeto de melhoria. Com o alinhamento estratégico que o *canvas* propicia ao propósito do projeto, estamos prontos para prosseguir.

6.3.1.2. Empatia e voz do cliente

Todo projeto de melhoria busca aperfeiçoar o fluxo de entrega de valor aos clientes. Antes de mais nada, precisamos entender qual é o valor que estamos entregando, para quais clientes, suas expectativas, se estamos efetivamente entregando o que o cliente necessita e mensurar seu nível de satisfação.

Para conseguir um entendimento amplo e profundo dessas entregas alinhadas à visão do cliente, temos no SIPOC e no Mapa de Empatia duas ferramentas estruturais e fundamentais para avançarmos com o projeto.

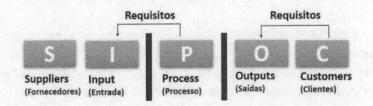

Nossa experiência demonstra ser interessante iniciarmos com o SIPOC para contextualizar, numa visão macro de cadeia de valor, e estabelecer claramente as saídas e seus respectivos clientes, bem como a relação entre as entradas, fornecedores, processos e saídas com os requisitos/expectativas dos clientes.

S.I.P.O.C.							
Nome do Processo:						Data emissão:	
Responsável/Equipe:						Revisão:	
FORNECEDORES	ENTRADAS		PROCESSOS	SAÍDAS			CLIENTES
Provedores dos recursos	Recursos	Especificações/ SLA	Descrição Sumarizada	Entregas do processo	Especificações/ SLA		Determinam os requisitos
		Método					
		Máquina					
		Matéria-prima					
		Meio Ambiente					
		Mão de Obra					
		Medição					

> **Dica:** os requisitos dos clientes podem ser inseridos com maior propriedade após a elaboração do Mapa de Empatia.

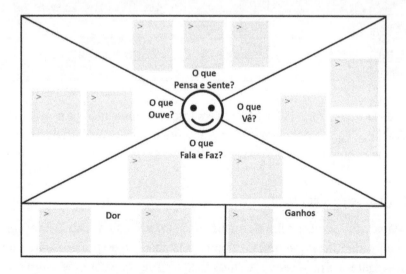

O Mapa de Empatia, um dos fundamentos do *Design Thinking*, nos permite entender os desejos, as expectativas e as dores dos clientes sob sua perspectiva. Mais do que ouvir a voz do cliente, a prática da empatia permite capturar, com maior clareza e precisão, as necessidades e a percepção de valor do cliente, até mesmo em nível sensorial.

Sermos empáticos, isto é, nos colocarmos no lugar de quem devemos servir/atender, se mostra uma prática reveladora e surpreendente. É como entrar em um mundo totalmente novo, do qual não tínhamos conhecimento, propiciando novas percepções e entendimentos, em um elucidativo processo cognitivo de aprendizagem.

Essa experiência proporciona subsídios importantes que serão extremamente úteis em diferentes momentos do projeto, quando será necessário definir melhores ou inovadoras formas de atender a uma ampla diversidade de clientes.

6.3.1.3. Entender/enxergar o fluxo de valor

Normalmente, a atividade de mapeamento de processo está associada à etapa **Measure** do DMAIC. Conforme discutido anteriormente, buscando entregar melhorias continuamente no projeto pela eficiência e sinergia metodológica, podemos fazer no **Define** o primeiro mapeamento para entender o fluxo de valor no escopo do processo vinculado ao projeto.

Estoque	Separação MP	Separar lote de garrafas				
Abastecedor		Leva MP para Mistura				
Rotuladeira			Setup da bobina		Rotulação das garrafas	
Mistura			setup - Limpeza	Homogeneização		
Envase			setup - Limpeza		Enchimento	Rosqueamento da Tampa
Embalagem						Embalamento em caixa	Estoque e Expedição

O Mapa de Fluxo de Valor (VSM) é a ferramenta ideal para iniciar o projeto, pois, com sua aplicação, a equipe pode enxergar claramente quais as atividades do processo são desperdícios e aquelas que contribuem efetivamente para gerar valor para os clientes.

6.3.1.4. Análise de valor *Lean*

A intenção é utilizar o conceito de análise de valor do *Lean* nas atividades mapeadas no VSM para identificar melhorias potenciais já no início do projeto. Para tanto, precisamos resgatar como o *Lean* classifica as atividades que compõem um processo:

AV – Agrega Valor
• Atividades que transformam os materiais, serviços ou informações que o cliente deseja • É feito certo da primeira vez
NAV – Não Agrega Valor
• Atividades que consomem recursos, tempo e espaço, mas não contribuem diretamente para produzir o que o cliente deseja
DP – Desperdício Puro
• Qualquer coisa que tem custo sem agregar o benefício correspondente

A partir dessas definições, e tendo desenhado o fluxo do processo, podemos realizar uma espécie de "prova de fogo", ou seja, avaliar cada atividade identificada do processo e questionar se ela agrega valor ao cliente ou não.

Para termos um referencial visual para diferenciar as atividades que agregam valor e os desperdícios do processo, podemos utilizar as seguintes cores: verde (AV), amarelo (NAV) e vermelho (DP).

> Dica: se o fluxo está descrito em formato digital, basta pintar as caixas das atividades com as cores conforme a classificação. Caso o mapa do processo esteja em *post-it*, pode-se sinalizar com caneta colorida da cor de classificação no canto superior do papel.

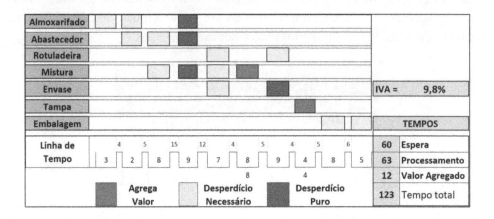

Com o fluxo analisado e as atividades classificadas conforme seu valor, fica claro para a equipe o que no processo é importante para o cliente – e que naturalmente precisa ser mantido e aperfeiçoado – e o que não está agregando valor ao cliente e, portanto, é passível de ser simplificado, substituído, etc.

Uma das ferramentas que contribuem consideravelmente para identificar melhorias potenciais de forma abrangente é o ECRS. Essa análise permite vislumbrar diferentes e diversas ações viáveis para eliminar desperdícios e racionalizar o processo.

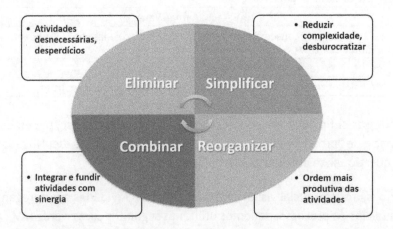

Se adicionarmos uma perspectiva de inovação ao seu modelo, é possível ampliar a aplicação e as possibilidades do ECRS. Nosso objetivo é promover uma abordagem disruptiva nas análises das funcionalidades ou atividades do processo, incentivando a criatividade para encontrar um "jeito" inovador para o processo operar e entregar o valor esperado para o cliente.

Nesse sentido, temos a inovação como um quinto elemento para agregar ao método um novo formato: o ECRS-I, com o papel de promover a inovação como híbrida à forma tradicional de gerar melhorias incrementais.

A intenção com o ECRS-I é reforçar a importância de buscar inovação o tempo todo, já na primeira análise de melhorias potenciais no início do projeto.

A ideia é buscar inovação naquilo que seja possível, grande ou pequena, mesmo que seja nos detalhes das atividades do processo. Muitas vezes uma solução simples, como a forma de escrever ou apresentar um procedimento, demonstrar visualmente um resultado, inserir soluções tecnológicas etc., pode fazer a diferença no desempenho do processo.

Com essa abordagem de combinar a análise de valor com o ECRS-I, a equipe do projeto, utilizando a técnica de *brainstorming* e outras ferramentas do *Design Thinking*, está apta para levantar com criatividade muitas oportunidades de melhoria/inovação.

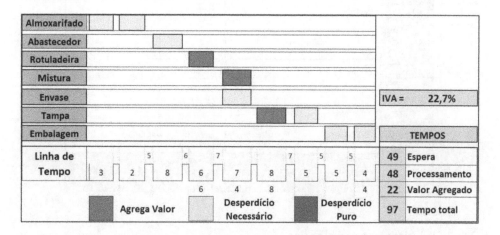

Ao final dessas análises, a equipe terá identificado diversas ideias e sugestões de melhorias. Estamos prontos para avançarmos para a próxima etapa do ciclo iterativo.

6.3.2. Priorizar

Nessa etapa do ciclo iterativo a equipe realizará a sequência de atividades conforme o modelo apresentado no Capítulo 5.

6.3.2.1. Estruturação do *backlog* de melhorias

Para compor o *backlog* de melhorias, para cada melhoria potencial identificada na análise de valor e ECRS-I a equipe:

➢ Avalia o grau de esforço de implementação.
➢ Avalia o impacto da melhoria na meta do projeto.
➢ Posiciona a melhoria no quadrante correspondente da matriz esforço x impacto.

Matriz Esforço X Impacto

(Quadrantes: Impacto Alto/Baixo × Esforço Baixo/Alto, com diversas "Melhoria" distribuídas nos quadrantes)

6.3.2.2. Priorização das melhorias

O foco da equipe deve ser em priorizar melhorias que podem ser implementadas ou iniciadas dentro da *Sprint* **Define**. A avaliação será nas melhorias classificadas nos quadrantes I, II e III.

Matriz Esforço X Impacto

(Matriz com melhorias priorizadas nos quadrantes I, II e III)

Uma situação que pode ocorrer é algumas melhorias priorizadas não poderem ser implementadas no tempo definido para a *Sprint* do **Define**. Nesses casos, recomendamos utilizar o conceito de *sprints* do *Scrum*, ou seja, particionamos as ações de melhoria em entregas que possam ser executadas dentro do tempo das *Sprints* de cada etapa do DMAIC, estabelecendo as entregas a serem feitas nesta primeira *Sprint* do **Define**.

As melhorias não priorizadas devem ser mantidas na matriz esforço x impacto (como *backlog* de melhorias potenciais) para serem avaliadas nos próximos ciclos iterativos do DMAIC.

6.3.2.3. Composição da *Sprint*

As melhorias selecionadas devem ser retiradas da matriz esforço x impacto e levadas para o *Sprint Board* e posicionadas na coluna do *Sprint Backlog*.

Sprint	Sprint Backlog	Ações de Melhoria			
		A fazer	Em Execução	Em Verificação	Realizado
D					
M					
A					
I					
C					

Aquelas melhorias que foram fracionadas devem ser distribuídas em forma de ações e entregas da equipe nas demais *Sprints*: M, A, I e C.

6.3.3. Implementar

A execução das ações de melhoria será estruturada para seguir os cinco eventos do *Scrum* conforme formato apresentado também no Capítulo 5:

6.3.3.1. Planejamento da *Sprint*

A partir do *Sprint Board* com as melhorias priorizadas, a equipe faz o detalhamento das melhorias selecionadas no *Sprint Backlog* em ações e entregas a serem realizadas nessa *Sprint* do **Define**:

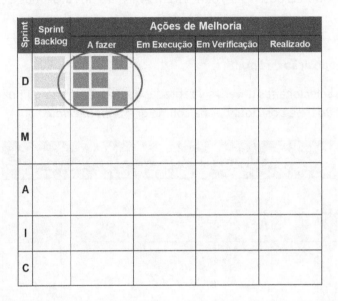

6.3.3.2. *Sprint* de melhorias

A equipe tem nesse momento todos os elementos necessários para a realização das ações planejadas de acordo com o *Scrum*, utilizando *Kanban Board* e as reuniões de *Daily Scrum* para acompanhar a evolução e o status de cada ação.

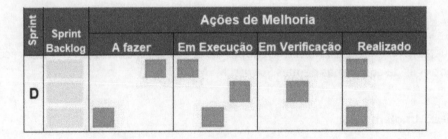

6.3.3.3. *Daily Scrum*

A equipe realiza as reuniões diárias ou em outra frequência, quando não for dedicada ao projeto, para garantir a efetividade na implementação das melhorias.

6.3.3.4. Revisão da *Sprint*

O procedimento nesse momento será conforme discutido anteriormente, ou seja, avaliar o impacto que as melhorias implementadas nessa etapa do **Define** tiveram com relação aos objetivos do projeto.

Utilizando o quadro de gestão à vista, a equipe avalia e correlaciona as ações implementadas com o desempenho dos indicadores e metas do projeto.

| Indi-cador | Baseline | MELHORIA ||||| META |
		D	M	A	I	C	
OEE	58%	58%					75%
OTIF	62%	68%					95%
FPY	59%	62%					89%

No fluxo apresentado a seguir temos as opções de continuidade do projeto:

Portanto, nesse momento de encerramento do ciclo iterativo no **Define**, temos duas possibilidades para continuidade do projeto:

1. **Metas não foram atingidas:** a equipe deve avançar para a etapa seguinte do DMAIC (**Measure**), mantendo o objetivo de ampliar as análises e encontrar novas ações de melhoria para alcançar as metas.
2. **Metas atingidas:** a equipe pode dar um salto e avançar diretamente para a etapa **Control**. Nesse caso, o foco será garantir a sustentabilidade dos ganhos e dos novos níveis de desempenho alcançados nos indicadores do projeto.

6.3.3.5. Retrospectiva da *Sprint*

Nessa etapa inicial do DMAIC, a equipe vivenciou intensamente seu primeiro desafio de realizar as três etapas do ciclo iterativo, seja na estruturação do projeto e na aplicação das ferramentas do modelo híbrido para identificar as melhorias, seja no processo de priorização e implementação das ações de melhoria seguindo os eventos do *Scrum*.

Além das questões metodológicas, os integrantes da equipe precisaram equilibrar as atividades da sua rotina de trabalho (para as equipes não dedicadas) com o esforço adicional de dedicação de tempo requerido pelo projeto.

É fundamental a equipe transformar toda essa experiência em aprendizado. Para tanto, é essencial dedicar tempo adequado para avaliar o processo de trabalho feito e consolidar as lições aprendidas. Equivale a realizar uma avaliação "360 graus", ou seja, considerar aspectos como dinâmica do trabalho da equipe, disciplina, aderência aos planejamentos, aprendizado pessoal e em grupo, domínio nas ferramentas utilizadas, etc.

Portanto, as premissas da retrospectiva da *Sprint* que discutimos no Capítulo 5 devem ser plenamente realizadas para maior efetividade nas próximas etapas do projeto.

7. Measure híbrido

A etapa **Measure** (medir) tem o objetivo de fornecer conhecimento e entendimento sobre o desempenho do processo de forma qualitativa e quantitativa, com o suporte de um amplo uso de métodos analíticos e gráficos da ciência da estatística. Para tanto, a equipe tem o desafio de identificar e mensurar, com maior profundidade e detalhes, quais fatores influenciam o desempenho do processo relacionado aos objetivos e metas do projeto de melhoria.

Levantar e estruturar um sistema de medição confiável e estabelecer um conjunto de indicadores que represente o "comportamento" do processo será fundamental para a efetividade em atingir os objetivos e metas do projeto.

Para cumprir esse propósito, será estruturado um processo confiável de medição e coleta de dados, bem como a aplicação abrangente da estatística, utilizando amplamente seu enorme arsenal de métodos para organização, sumarização, apresentação e análise de dados.

Com o estabelecimento desse importante *baseline*, teremos referencial robusto para monitorar a evolução dos indicadores e a validação da eficácia das ações de melhoria durante todo o desenvolvimento do projeto.

Para sumarizar, destacamos os principais objetivos desta etapa **Measure**:

> - Desenhar o processo com detalhamento para entendimento das suas atividades.
> - Mapear as variáveis que atuam no processo.
> - Definir o tipo de dado existente (atributos e contínuos) e o plano de coleta de dados.
> - Estruturar e/ou validar um sistema de medição confiável para o processo.
> - Realizar medição abrangente das variáveis-chave do processo com amplo uso de métodos estatísticos: analíticos e gráficos.
> - Mensurar a capacidade e nível sigma de qualidade do processo.
> - Iniciar o processo de identificação das variáveis críticas do processo.

7.1. Modelo híbrido aplicado ao Measure

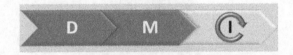

No **Define** híbrido tivemos a primeira onda de medição, ainda inicial, composta pelos dados históricos e aqueles indicadores clássicos do *Lean* ligados à cadeia de valor, como tempo, qualidade, produtividade, custos, entre outros, que foram levantados no desenho do fluxo de valor do processo.

Essa base de dados será útil para realizar a segunda onda de medição, mais abrangente e profunda, agora com o objetivo de entender estatisticamente o comportamento dos dados: tendências, dispersão, localização, padrões, *outliers* etc.

7.2. Reflexões sobre eficiência metodológica

Vale a pena, nesse momento, fazermos outra discussão relevante sobre as características de um projeto ágil. Em muitas situações, temos deparado com o entendimento de alguns gestores de que ser ágil é ser rápido, como se fossem sinônimos.

Naturalmente, existe uma correlação entre agilidade e tempo. Contudo, é importante não confundir: ser ágil não significa realizar atividades somente com foco em fazê-las mais rapidamente. No contexto de um projeto *Lean* Six Sigma, esse pensamento pode trazer consequências como medições incorretas ou incompletas, análises superficiais e decisões erráticas.

As mudanças e melhorias serão, portanto, ineficazes basicamente pela forma apressada e sem respeitar o tempo necessário para análise e transformação requeridas. Apenas para reforçar, as mudanças são difíceis e trazem barreiras e resistências naturais que precisam ser adequadamente equacionadas no tempo.

É essencial mantermos o entendimento de que ser ágil é ser flexível e adaptativo, é aprender o tempo todo. É fazer as coisas com inteligência, de forma objetiva e sem desperdícios. Em resumo, é ter efetividade nas ações, ser eficiente e eficaz. Essa abordagem traz, naturalmente, ganho de tempo, mas como resultado do uso racional dos recursos, não pelo objetivo simples de ser rápido.

Nessa premissa devemos ter claro que, para realizar melhorias e solucionar problemas, teremos muitas vezes que atuar com um escopo amplo do projeto, que irá requerer tempo, recursos, análises, aprendizado e muitas metodologias e ferramentas a serem aplicadas.

A abordagem ágil traz eficiência e inteligência ao uso equilibrado e proporcional dos recursos conforme a característica do projeto. Já fizemos essa discussão na apresentação da matriz de Stacey.

7.3. Ciclo iterativo Measure híbrido

Inicialmente precisamos entender as atividades a serem desenvolvidas no ciclo iterativo nessa etapa do **Measure** híbrido:

1. Identificar
• Mapear as variáveis do processo • Análise do sistema de medição • Medição e análise estatística dos dados • Identificação das variáveis críticas do processo • Melhorias relacionadas com as variáveis críticas
2. Priorizar
• Estruturação do *backlog* de melhorias • Priorização de melhorias • Composição da *Sprint*
3. Implementar
• Planejamento da *Sprint* • *Sprint* de melhorias • *Daily Scrum* • Revisão da *Sprint* • Retrospectiva da *Sprint*

Com esse entendimento, podemos avançar para a aplicação de conceitos, métodos e ferramentas nas etapas do ciclo iterativo do **Measure** híbrido:

7.3.1. Identificar

7.3.1.1. Mapear as variáveis do processo

Vale a pena relembrar que um dos principais objetivos do projeto é entender as relações entre as saídas do processo (Ys) e as variáveis de entrada do processo (Xs), e representá-la através de uma função matemática:

$$Y = f(x_1, x_2, x_3, ... x_n)$$

Essa equação busca traduzir o comportamento do processo numa relação causa e efeito, e a partir desse modelo matemático realizar simulações e predição. As saídas (Ys), normalmente classificadas como KPOV (*Key Process Output Variables*), estão identificadas no SIPOC, já que são as principais entregas do processo para seus clientes.

Nesse estágio do projeto, o grande desafio da equipe é identificar, dentre dezenas de variáveis de entrada (Xs) que atuam aleatoriamente no processo, quais são as mais importantes e têm influência significativa no resultado. Essas variáveis são classificadas como KPIV (*Key Process Input Variables*). As variáveis Xs são conhecidas como variáveis independentes, por sua característica aleatória de influenciar o desempenho do processo.

De forma geral, para a grande maioria das variáveis que atuam no processo vale também a regra 80/20, ou seja, a maior parte das variáveis Xs não tem influência significativa no resultado do processo. Ótima notícia para a empreitada de construir a equação preditiva Y = f(x), dado que não será necessário incluir muitas variáveis independentes. Essa função será constituída, portanto, por poucas variáveis críticas de entrada.

O grande desafio nesse processo investigativo, portanto, será separar o "joio" do "trigo". Vamos precisar empregar método científico, com ampla utilização da estatística e uso de ferramentas qualitativas, analíticas e gráficas.

O PMAP (*Process Mapping*), além da função de mapear as etapas do processo, também realiza o "mapeamento" das variáveis de entrada (X) e saída (Y) para cada etapa do processo. No modelo híbrido, o PMAP terá uma relação sinérgica e complementar com o VSM desenvolvido no **Define**.

Uma vantagem do modelo híbrido é iniciarmos a etapa **Measure** com o processo em estudo mapeado e aprimorado com a aplicação dos conceitos e ferramentas do *Lean* no **Define**. E melhor: o fluxo do processo base para esse novo ciclo de melhoria será o VSM futuro.

Estamos numa transição; algumas das melhorias previstas no VSM "atual" já foram implementadas e devemos focar em avançar para consolidar o VSM futuro nos próximos ciclos iterativos.

Buscando eficiência, nosso foco principal será levantar as variáveis de entrada e saída de cada etapa do processo e aprofundar a análise visando aprimorar ainda mais o novo processo proposto pelo VSM futuro.

> Dica: utilizamos o modelo de PMAP com 6Ms para facilitar a identificação das variáveis de entrada.

	Saídas			
	Etapas do Processo			
Entradas	Máquina			
	Método			
	Mão de obra			
	Matéria-prima			
	Meio ambiente			
	Medição			

Concluída a primeira parte do PMAP com as atividades de cada etapa do processo com suas respectivas variáveis de entrada e saída, avançamos para a classificação das variáveis de entrada em três categorias:

C – Controlável	Variáveis que permitem medição, controle e ajustes.
P – Padrão	Variáveis estáveis com atuação previsível por estarem padronizadas.
R – Ruído	Variáveis não padronizadas que atuam sem nenhum controle.

Após a primeira classificação, a equipe, utilizando a experiência e o conhecimento sobre o processo, avalia e identifica quais das variáveis classificadas como C, P ou R são também críticas, ou seja, sua atuação tem grande impacto nas saídas do processo.

> Dica: a identificação das variáveis críticas pode ser por cor ou símbolo.

	Saídas		Y1		Y3, Y4		Y5		Y6, Y7	
	ETAPAS DO		OP. 10		OP. 20		OP. 30		OP. 40	
Entradas	Máquina	P	X1	P	X15	P	X31	P	X42
		C	X2	P	X16	P	X32	P	X43
	Método	P	X3	P	X17	P	X33	P	X44
		P	X4	P	X18	P	X34	P	X45
				P	X19			P	X46
	Mão de Obra	R	X5	R	X20	R	X35	R	X47
		P	X6	P	X21	P	X36	P	X48
								P	X49
	Matéria Prima	P	X7	P	X22	P	X37	P	X50
		P	X8	P	X23	P	X38	P	X51
		P	X9	P	X24				
	Meio Ambiente	P	X10	P	X25	P	X39	P	X52
		P	X11	P	X26				X53
		P	X12	R	X27				
	Medição	C	X13	C	X28	C	X40	C	X54
		C	X14	C	X29	C	X41	C	X55
				C	X30			C	X56

Esse entendimento mais profundo do tipo de atuação das variáveis em cada etapa do processo e sua criticidade será estrutural para todas as análises a serem desenvolvidas nos próximos ciclos iterativos.

7.3.1.2. Análise do sistema de medição

Sabemos que a prática da melhoria depende da capacidade de medir e da confiabilidade nas informações obtidas durante a medição. Os maiores gurus da qualidade se dedicaram a mostrar a importância da medição do desempenho dos processos e quão fundamental é ter sistemas de medição confiáveis.

> *Não se gerencia o que não se mede, não se mede o que não se define, não se define o que não se entende, e não há sucesso no que não se gerencia*
> – *William Edward Deming (1900-1993)*
>
> *Aquilo que não se pode medir, não se pode melhorar*
> – *Lorde Kelvin (1824-1907)*

Os estudos de Análise dos Sistemas de Medição (MSA) permitem verificar e validar a estabilidade, repetibilidade, reprodutibilidade e confiabilidade dos sistemas utilizados para medir e avaliar os processos.

Os sistemas de medição são desenvolvidos para terem a habilidade de medir os diferentes tipos de dados, sejam eles qualitativos ou quantitativos.

Os estudos de MSA utilizam diversos métodos estatísticos relacionados à avaliação do impacto da variabilidade do erro de medição na variabilidade total do processo. O conteúdo programático do escopo do Six Sigma oferece esse conhecimento técnico.

Com a realização desses estudos analíticos dos sistemas de medição, teremos a garantia e confiança nos dados obtidos durante o projeto, que possibilitarão tomadas de decisão importantes para o sucesso do projeto.

7.3.1.3. Medição e análise estatística dos dados

Com as variáveis críticas do processo mapeadas e os sistemas de medição validados, estamos prontos para medir, averiguar e quantificar a magnitude e o impacto das variáveis críticas no resultado do processo. Estamos, nesse momento, estabelecendo as bases para construir a equação preditiva y = f(x), na medida em que temos um entendimento qualitativo oriundo do PMAP da relação causa e efeito entre as variáveis Y e X.

Estamos no momento de utilizar um amplo espectro de métodos estatísticos descritivos, analíticos e gráficos para minerar os dados, entender seu posicionamento em escala métrica (média, mediana) e sua dispersão e magnitude da variabilidade (desvio padrão, variância). Essa etapa visa gerar grande conhecimento para a equipe sobre o desempenho do processo e permitir validar as variáveis críticas classificadas no PMAP, bem como identificar novas.

Controle Estatístico do Processo – CEP

A principal estratégia do Six Sigma para melhoria de desempenho e qualidade dos processos é reduzir a variabilidade das variáveis críticas e seu impacto nas variáveis de saída.

A aplicação do Controle Estatístico do Processo é essencial para quantificar, analisar e reduzir a dispersão das variáveis críticas do processo, principalmente as variáveis de entrada (Xs), visando maior estabilidade nos resultados das variáveis de saída (Ys) do processo.

Através da utilização de gráficos de Controle Estatístico de Processo, temos uma região de variação esperada delimitada pelos limites de controle superior e inferior, que permite diferenciar, no histórico temporal dos dados, se a variação é natural ou inesperada.

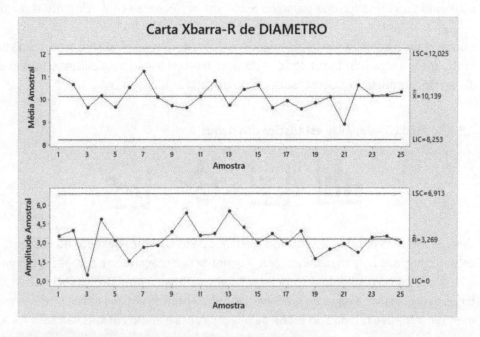

Esses gráficos são sensíveis e detectam anormalidades na variabilidade assim que algum valor coletado sai fora dos limites de controle, permitindo ação imediata para corrigir o problema e estabilizar a variação.

Análise da capacidade do processo

A análise da capacidade do processo é um estudo a ser feito após a utilização dos gráficos de controle quando as análises demonstrarem estabilidade na variação do processo. Nessa condição, pode-se avaliar se as variáveis críticas do processo, ou melhor, se a magnitude de sua variação, atendem estatisticamente às especificações ou aos requisitos do cliente.

Capacidade ajuda a responder a uma questão crítica: "nós estamos conseguindo atender às necessidades dos clientes?"

A capacidade pode ser entendida como a razão entre voz do cliente (tolerâncias/especificações) e a voz do processo (variabilidade natural).

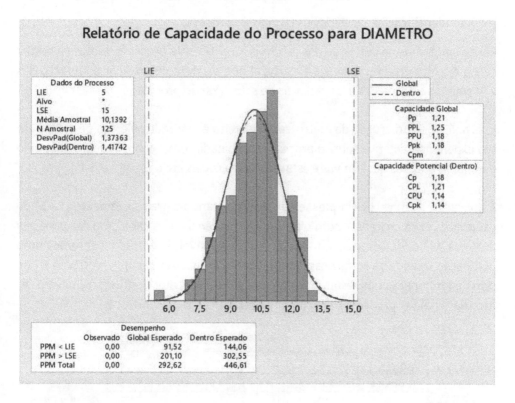

Um processo em nível seis sigma significa que apresenta 3,4 defeitos por milhão de oportunidades de defeitos. Com o estudo de capacidade, vamos entender qual o nível sigma do processo em estudo e a probabilidade de defeitos atual.

Nível Sigma	DPMO
2	308.537
3	66.807
4	6.210
5	233
6	3,4
Capacidade do processo	Defeitos por milhão de oportunidades

O conhecimento adquirido com essa vasta aplicação de métodos e análises estatísticas permite entender o impacto das variáveis críticas no desempenho do processo, identificar deficiências e fragilidades no processo e enxergar melhorias potenciais a serem feitas.

7.3.1.4. Identificação das variáveis críticas do processo

Para avançarmos na definição das variáveis Xs críticas do processo, temos na matriz causa e efeito uma ferramenta estrutural que permite quantificar o impacto das variáveis de entrada (Xs) nas variáveis de saída (Ys) do processo.

Essa análise e construção da matriz causa e efeito é realizada pela equipe que utiliza sua experiência coletiva sobre o processo combinada com o conhecimento adquirido durante as análises qualitativas e estatísticas realizadas até o estágio atual do projeto.

A aplicação da matriz é simples: é feita multiplicando o grau de impacto (1 a 5) de cada variável de entrada X com o peso de importância para cada uma das variáveis de saída Y (1 a 5). Como resultado, para cada variável de entrada X teremos uma pontuação oriunda da soma dessa multiplicação (impacto x peso). As variáveis X que têm maior impacto nos resultados do processo terão maior pontuação e devem ser foco das análises para identificação de ações de melhoria e inovação.

Etapa do processo		Variáveis de Saída (Y)						
		Y1	Y2	Y3	Y4	Y5	Y6	
	Peso	3	3	5	4	3	5	Total
Etapa 10	X1	5	3	5	5	5	3	**99**
	X2	5	3	3	5	3	3	**83**
	X3	3	3	1	1	1	1	35
Etapa 20	X4	3	2	5	5	1	5	**88**
	X5	5	5	3	5	3	3	**89**
Etapa 30	X6	3	1	5	3	1	1	57
	X7	1	1	3	5	1	3	59
Etapa 40	X8	3	1	1	3	1	1	37
	X9	1	1	1	3	1	1	31
Etapa 50	X10	3	2	3	3	1	1	50
	X11	5	5	5	5	5	5	**115**

(Variáveis de entrada (x))

> Dica: para termos uma visualização das variáveis mais importantes, podemos construir um gráfico de Pareto com as variáveis de maior pontuação na matriz causa e efeito.

Nesse momento, a equipe do projeto tem entendimento objetivo e quantificado da relação das variáveis X com as saídas Y. Esse conhecimento permite validação e ajustes nas variáveis críticas definidas no PMAP.

7.3.1.5. Melhorias relacionadas com as variáveis críticas

É fundamental transformar ou traduzir todo o conhecimento adquirido nessa etapa **Measure** em oportunidades de melhorias do processo que contribuam para atingir os objetivos e metas estabelecidos para o projeto.

Para levantar melhorias potenciais, a equipe pode utilizar diferentes ferramentas, que vão do simples *brainstorming* até um processo amplo de ideação do *Design Thinking*.

Algumas melhorias surgem naturalmente durante a aplicação de ferramentas e métodos, outras precisam ser levantadas por meio de análises mais amplas e profundas nas medições das relações entre as variáveis em estudo.

Buscando centralizar e consolidar as melhorias, a matriz causa e efeito pode ser o documento que permite registrar e correlacionar todas as melhorias sugeridas com as variáveis Xs que obtiveram maior pontuação, conforme exemplo a seguir:

			Variáveis de saída (Y)							
Etapa do processo			Y1	Y2	Y3	Y4	Y5	Y6		
		Peso	3	3	5	4	3	5	Total	Sugestões de melhorias
Variáveis de entrada (x)	Etapa 10	X1	5	3	5	5	5	3	**99**	Melhoria dos Padrões
		X2	5	3	3	5	3	3	**83**	Organização e limpeza
		X3	3	3	1	1	1	1	35	
	Etapa 20	X4	3	2	5	5	1	5	**88**	Manutenção de peças
		X5	5	5	3	5	3	3	**89**	Capacitação da equipe
	Etapa 30	X6	3	1	5	3	1	1	57	
		X7	1	1	3	5	1	3	59	
	Etapa 40	X8	3	1	1	3	1	1	37	
		X9	1	1	1	3	1	1	31	
	Etapa 50	X10	3	2	3	3	1	1	50	
		X11	5	5	5	5	5	5	**115**	Automação da atividade
		X12	1	1	1	1	1	1	23	

Essas melhorias concentradas na matriz causa e efeito serão a base para as atividades na próxima etapa do ciclo iterativo.

7.3.2. Priorizar

7.3.2.1. Estruturação do *backlog* de melhorias

As melhorias potenciais identificadas nessa etapa do **Measure** seguem as mesmas etapas apresentadas no **Define** para compor o *backlog* de melhorias:

➢ Avaliação do grau de esforço de implementação de cada melhoria.
➢ Avaliação do impacto da melhoria na meta do projeto.
➢ Posicionar a melhoria no quadrante correspondente da matriz esforço x impacto.

Matriz Esforço X Impacto

(figura: Matriz Esforço X Impacto com melhorias distribuídas nos quadrantes)

7.3.2.2. Priorização de melhorias

Agora devemos priorizar melhorias que podem ser implementadas ou iniciadas dentro da *Sprint* **Measure**. Como já discutido, a seleção será feita nas melhorias classificadas nos quadrantes I, II e III.

Nesse momento, algumas melhorias priorizadas podem não ser implementadas no tempo definido para a *Sprint* do **Measure**. Usamos a mesma estratégia de particionar as entregas dessa melhoria para que sejam feitas dentro do tempo da *Sprint* **Measure** e das próximas *Sprints* A, I e C.

124 Modelo Híbrido

As melhorias não priorizadas ficam na matriz esforço x impacto para serem avaliadas nos próximos ciclos iterativos.

7.3.2.3. Composição da Sprint

As melhorias selecionadas devem ser retiradas da matriz esforço x impacto, levadas para o *Sprint Board* e posicionadas na coluna do *Sprint Backlog*.

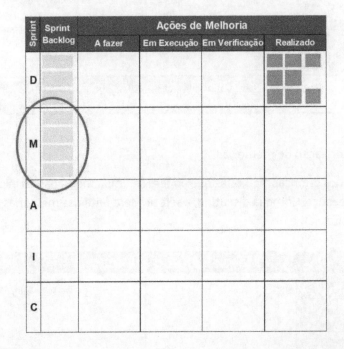

As melhorias que foram fracionadas devem ser distribuídas em formato de ações e entregas da equipe a serem executadas nas demais *Sprints*: A, I e C.

7.3.3. Implementar

7.3.3.1. Planejamento da Sprint

A partir do *Sprint Board* com as melhorias priorizadas, a equipe faz o detalhamento das melhorias selecionadas no *Sprint Backlog* em ações e entregas a serem realizadas nessa *Sprint* do **Measure**:

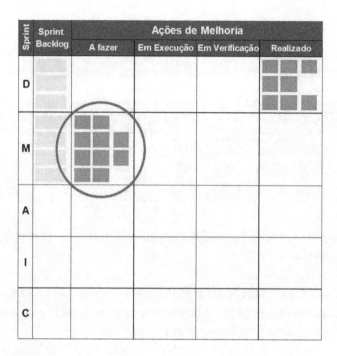

7.3.3.2. *Sprint* de melhorias

A equipe realiza o mesmo processo para a realização das ações planejadas de acordo com o *Scrum* utilizando *Kanban Board* e as reuniões de *Daily Scrum*.

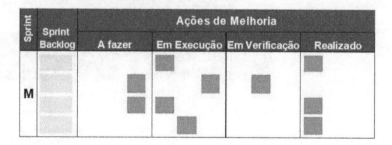

7.3.3.3. *Daily Scrum*

A equipe realiza as reuniões diárias ou em outra frequência, quando não for dedicada ao projeto, para garantir a efetividade na implementação das melhorias.

7.3.3.4. Revisão da Sprint

Atualizando e complementando o quadro de gestão à vista, a equipe avalia e correlaciona as ações implementadas com o desempenho dos indicadores e metas do projeto.

Indicador	Baseline	D	M	A	I	C	META
OEE	58%	58%	64%				75%
OTIF	62%	68%	74%				95%
FPY	59%	62%	69%				89%

Ao final da implementação das ações de melhoria, teremos duas opções de continuidade do projeto:

1. **Metas não foram atingidas:** a equipe deve avançar para a etapa seguinte do DMAIC: **Analyze**, mantendo o objetivo de ampliar as análises e encontrar novas ações de melhoria para alcançar as metas.
2. **Metas atingidas:** a equipe pode dar um salto e avançar diretamente para a etapa **Control**. Nesse caso, o foco será garantir a sustentabilidade dos ganhos e dos novos níveis de desempenho alcançados nos indicadores do projeto.

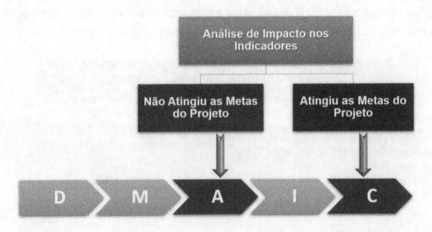

7.3.3.5. Retrospectiva da Sprint

Nessa segunda etapa do DMAIC, a equipe vivenciou intensamente a realização de um novo ciclo iterativo. Ganhou conhecimento abrangente e profundo sobre o processo, suas variáveis e o entendimento quantitativo do impacto das variáveis críticas no resultado do processo. Como consequência, ampliou o *backlog* e as melhorias potenciais.

É importante a equipe continuar seu processo de amadurecimento e aprendizado. Nessa retrospectiva, a equipe reforça seu processo de consolidar as lições aprendidas avaliando:

> - A dinâmica do trabalho da equipe.
> - Os aspectos da disciplina e aderência ao planejamento.
> - Seu aprendizado individual e coletivo.
> - A consolidação do conhecimento da estratégia analítica da metodologia.
> - Domínio nas ferramentas utilizadas.

Essa avaliação servirá de base para a prática e evolução do processo de aprendizagem no próximo ciclo iterativo.

8. Analyze híbrido

A etapa **Analyze** (analisar) tem o propósito de avançar e aprofundar análises e estudos para dimensionar o impacto das variáveis críticas na estabilidade e confiabilidade do processo, identificando e solucionando as causas fundamentais dos problemas para atingir as metas do projeto.

Com esse foco, diversas ferramentas qualitativas e métodos estatísticos gráficos e analíticos são utilizados para analisar dados e informações obtidos durante a execução do projeto. Além dos dados históricos, também serão realizados novos estudos, medições e experimentos específicos que buscam entender e identificar padrões, tendências e modelos que permitam equacionar matematicamente o "comportamento" do processo.

O maior conhecimento e entendimento das relações 'causa e efeito' nesta etapa se traduz em novos questionamentos sobre o grau, a extensão e o impacto das variáveis críticas (Xs) no desempenho das variáveis de saída (Ys) do processo, bem como em estabelecer e consolidar a equação preditiva $Y = f(x)$.

Vale reforçar que no **Analyze** estamos no meio de um processo investigativo iniciado no **Define**, que tem buscado depurar e aperfeiçoar as variáveis de entrada identificadas como críticas até atingir um nível de estabilidade e desempenho que requeira um controle do processo simples e realizado em poucas variáveis-chave após a conclusão do projeto.

A seguir temos uma representação do processo de depuração das variáveis de entrada no ciclo DMAIC:

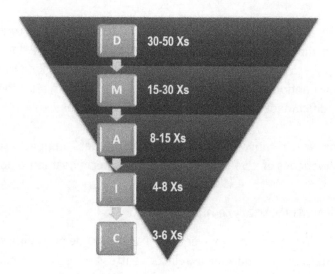

Estamos vivenciando o processo de transformação de todo o conhecimento adquirido em melhorias para atingir os objetivos e metas do projeto.

Podemos resumir como principais objetivos da etapa **Analyze**:

> ➢ Ampliar e aprofundar o entendimento sobre a relação das variáveis críticas com os resultados do processo.
> ➢ Quantificar a relação 'causa e efeito' dos Xs críticos com os resultados Ys do processo.
> ➢ Validar estatisticamente as hipóteses de relação entre variáveis críticas do processo.
> ➢ Identificar padrões e modelos de relação entres as variáveis do processo.
> ➢ Levantar os modos de falhas potenciais no processo e estabelecer ações preventivas para mitigar os riscos de efeitos que afetem os clientes.
> ➢ Identificar as causas-raiz de problemas que afetam as saídas do processo.
> ➢ Identificar as causas estruturais que comprometem o desempenho dos Xs críticos.

8.1. Modelo híbrido aplicado ao Analyze

Com a abordagem do modelo híbrido, até este momento foram realizados dois ciclos iterativos de melhorias. A consequência é que o processo não está do mesmo "jeito" de quando o projeto foi iniciado. Nessa dinâmica iterativa e ágil de mudança e melhoria, a equipe ganhou mais compreensão e visão crítica com relação aos gargalos, deficiências e dificuldades de entregar valor para os clientes.

Neste próximo ciclo iterativo do **Analyze**, a equipe poderá amplificar sua habilidade e realizar intervenções efetivas e cirúrgicas para o aperfeiçoamento do processo.

8.2. Ciclo iterativo Analyze híbrido

O **Analyze** híbrido requer um rigor científico e analítico que possibilite estudos avançados, que dimensione e equacione as relações entre variáveis e suas relações causais no desempenho e na variabilidade do processo. Vamos conhecer as atividades que compõem as etapas do ciclo iterativo do **Analyze** híbrido:

1. Identificar
• Fatores críticos e impacto • Riscos potenciais e causas-raiz das falhas • Melhorias relacionadas com a consolidação das variáveis críticas
2. Priorizar
• Estruturação do *backlog* de melhorias • Priorização das melhorias • Composição da *Sprint*
3. Implementar
• Planejamento da *Sprint* • *Sprint* de melhorias • *Daily Scrum* • Revisão da *Sprint* • Retrospectiva da *Sprint*

Vale a pena reforçar novamente que não temos a pretensão de estabelecer "receitas" nem modelos rígidos e limitadores na aplicação de ferramentas e métodos analíticos nas etapas do DMAIC, mas, sim, estabelecer diretrizes que mantenham o foco nos propósitos de entregar melhorias nessa etapa do **Analyze**.

8.2.1. Identificar

8.2.1.1. Fatores críticos e impacto

Contando com a eficácia das ações de melhoria implementadas nos Xs críticos realizadas nos ciclos iterativos anteriores, os indicadores de saída Y demonstram uma redução na sua variabilidade, maior estabilidade e tendências de melhoria de desempenho no sentido das metas estabelecidas.

Esse novo referencial de performance valida a efetividade das ações realizadas e mostra que a equipe está no caminho certo. Para sustentar a trajetória produtiva, o desafio será ampliar o conhecimento e a efetividade das ações de melhoria.

Com o vasto recurso proporcionado pela ciência da estatística, temos infinitas combinações de métodos qualitativos e quantitativos a serem aplicados, bem como produção de gráficos e análises comparativas avançadas que tragam grande conhecimento e domínio sobre os fatores que sustentam a excelência do processo.

A seguir apresentamos possibilidades de análises com o objetivo de identificar os fatores críticos e seu impacto.

Identificar a distribuição estatística dos dados

O entendimento da distribuição dos dados traz grande conhecimento e poder sobre o processo, permitindo realizar projeções por meio de modelos probabilísticos e preditivos de desempenho a partir dos parâmetros da distribuição dos dados.

Para identificar a distribuição estatística a que os dados de uma variável são aderentes, precisamos, inicialmente, entender o tipo de dado das variáveis em estudo, que pode ser classificado em dois grupos:

> - **Dados qualitativos:** muitas vezes chamados de dados de atributos, são utilizados para atribuir algum tipo de classificação ao objeto avaliado. Ex.: cor dos olhos (castanho, verde, etc.); qualidade (perfeita ou defeituosa); sexo (masculino ou feminino). Podem ser expressos numericamente em valores que totalizam o número de ocorrências para cada categoria de classificação.
> - **Dados quantitativos:** utilizados para quantificar algo que pode ser medido numa escala métrica. Permitem análises mais elaboradas, precisas e focadas na prevenção. São divididos em dois grupos:

- **Discretos:** valores enumeráveis e inteiros que podem ser contados. Ex.: número de filhos, número de defeitos, ligações recebidas por hora, etc.
- **Contínuos:** podem assumir qualquer valor, com precisão infinita, dentro de uma escala métrica. Ex.: tempo, comprimento, peso, viscosidade, temperatura etc.

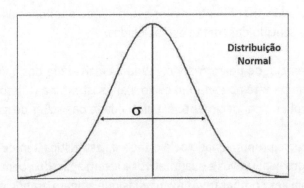

Para dados contínuos, uma parte significativa das variáveis segue a distribuição normal. Isso facilita muito as análises, já que muitos métodos foram desenvolvidos para estudos de variáveis que seguem a distribuição normal. Podemos citar como exemplo os gráficos estatísticos de controle (CEP) e a análise de capabilidade de processos (Cpk).

Naturalmente, em muitas situações podemos deparar com dados que não seguem a distribuição normal – por exemplo, os dados relativos a tempo de alguma atividade, que apresentam distribuição assimétrica e podem seguir outros modelos de distribuições estatísticas, como exponencial, Weibull, log-normal, etc.

Para as variáveis oriundas de dados de atributos segmentados, necessitamos quantificar sua ocorrência nas categorias de classificação e avaliar a aderência das possíveis distribuições probabilísticas de dados discretos como binomial, Poisson, geométrica, etc.

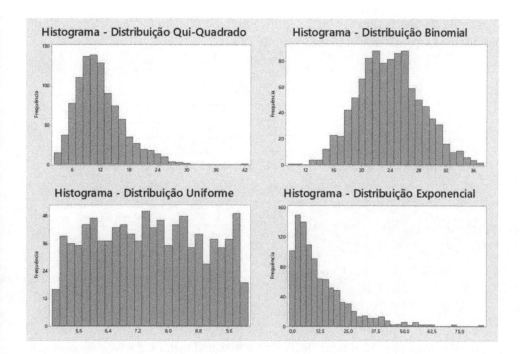

Essas análises requerem qualificação avançada em métodos estatísticos em nível avançado. Fazem parte do escopo de conhecimento para formação de *Black Belts* e *Master Black Belts*, normalmente responsáveis por conduzir esses estudos.

Atualmente, temos à disposição diversos softwares estatísticos poderosos e acessíveis que possibilitam análises avançadas, incluindo aquelas para identificação das distribuições probabilísticas, e, quando necessário, realizar a transformação de dados que permitam sua análise. Conhecendo o comportamento da distribuição dos dados das variáveis críticas do processo, estamos aptos a avançar nas análises.

Análise de correlação e tendência dos dados Y

Temos à disposição vários métodos estatísticos para testar, quantificar e estabelecer uma modelagem matemática da relação entre variáveis de entrada X e de saída Y, bem como a realização de predição e projeção de comportamento futuro.

Para estudar e representar as relações entre as variáveis podemos utilizar métodos gráficos e analíticos simples e/ou mais sofisticados. A seguir apresentamos alguns métodos mais utilizados:

Diagrama de dispersão: apresenta graficamente a relação entre uma variável dependente (Y) e uma variável independente (X).

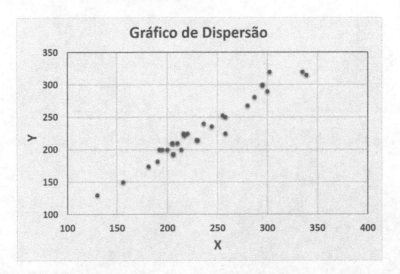

Regressão linear: permite estabelecer uma equação linear Y = a + bX que represente a relação linear de dependência entre uma variável de saída Y com relação a uma variável independente de entrada X.

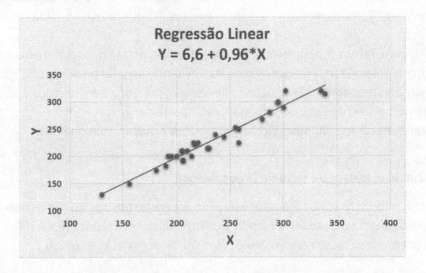

Regressão não linear: fornece modelos matemáticos para representar relações entre Y e X em funções não lineares como quadrática ou cúbica.

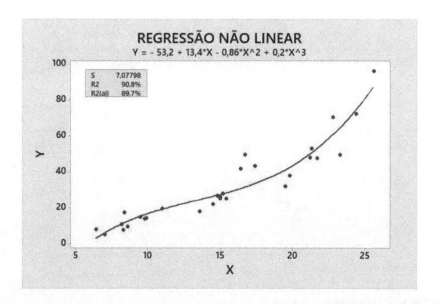

Regressão múltipla: fornece um conjunto de técnicas para avaliar e estabelecer matematicamente a relação entre um Y e múltiplas variáveis independentes X.

$$Y = a + b_1x_1 + b_2x_2 + \ldots + b_nx_n, \text{ sendo:}$$

- a = intercepto do eixo y;
- bi= coeficiente angular da i-ésima variável;
- n = número de variáveis independentes.

Séries temporais: são formadas por um conjunto de observações de uma variável, medido em pontos sucessivos no tempo. As séries temporais permitem criar modelos matemáticos que representem o comportamento no tempo dos dados incorporando componentes como: tendências, ciclos e sazonalidade. Muito utilizado para predição de comportamento futuro dos dados em estudo e para previsão de vendas.

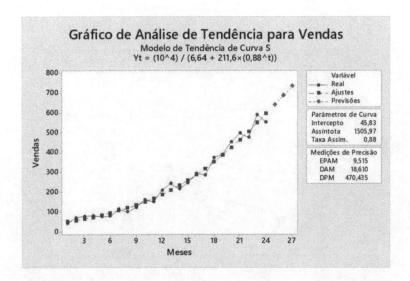

Comparar diferentes amostras

Em muitas situações, durante o desenvolvimento do projeto, vamos precisar avaliar, comparar e/ou testar se existem diferenças entre amostras de dados, seja para avaliar se houve mudança numa mesma variável no tempo após implantar mudanças no processo ou avaliar se em diferentes condições de ajustes ou configurações os resultados são diferentes e melhores.

Podemos utilizar os métodos estatístico, analítico ou gráfico:

Método analítico

Os métodos analíticos para comparação entre amostras dependem do tipo de variáveis em estudo. Os testes mais aplicáveis são:

Teste de hipóteses: possibilita estudos comparativos para tomada de decisão para aceitar ou rejeitar hipóteses de igualdade (Ho) entre amostras *versus* hipóteses de existência de diferenças (H1). É utilizada para testar médias, variâncias e proporções para verificar se existem diferenças entre processos, produtos, fornecedores, turnos, etc. Em um projeto, pode avaliar, estatisticamente, se houve mudanças antes e após implementação de melhorias em um processo.

ANOVA – Análise de Variância: similar ao teste de hipóteses, permite testar e avaliar diferenças entre médias para três ou mais amostras de dados. A variável resposta (Y) deve ser contínua.

Teste qui-quadrado: utilizado quando as variáveis X e Y são do tipo atributo. Esse teste verifica diferenças entre proporções e entre grupos. Por exemplo, se o consumo de determinado produto é diferente entre homens e mulheres, por idade, faixa etária, nível escolar, etc.

Regressão logística: utiliza os conceitos de regressão para avaliar a relação e significância entre variáveis de entrada X com relação à variável de saída Y do tipo atributo.

Métodos gráficos

Gráficos são muito úteis para avaliar visualmente grupos de dados e observar seu posicionamento, formato, tendências, dispersão etc. em diferentes perspectivas. Existe uma extensa gama de modelos e formatos gráficos que possibilita avaliar e compreender o comportamento dos dados, seja no tempo, em escala métrica, seja comparado com outras métricas. A seguir apresentamos algumas opções muito úteis:

Boxplot: apresenta graficamente dados distribuídos em quartis e com algumas estatísticas importantes, como mínimo, Q2, média, mediana, Q3 e máximo.

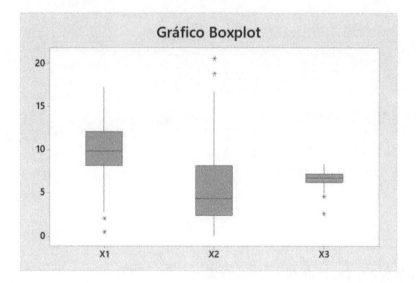

Gráfico de valores individuais: apresenta os dados individuais de diferentes amostras distribuídos como pontos na escala do eixo Y, possibilitando avaliação da dispersão e concentração dos dados das variáveis em estudo.

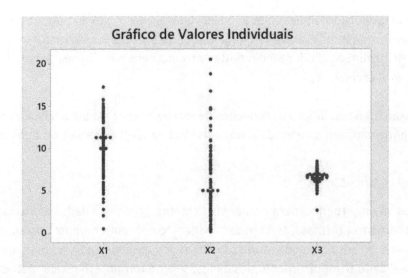

Dotplot: permite analisar visualmente o formato, a distribuição e a dispersão de dados de um indicador num eixo horizontal individualmente ou com várias amostras.

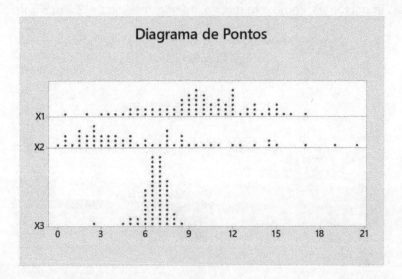

Estratificar e analisar dados categorizados

Em muitas situações, para identificar causas que comprometem o desempenho de uma variável de processo, é necessário estratificar e quantificar os dados em categorias. Por exemplo: volume de vendas por linha de produtos, número de reclamações de clientes, motivos de retrabalho, motivo de quebra de máquinas, etc.

O Gráfico de Pareto é muito útil por apresentar, em ordem decrescente, a quantidade de ocorrências de eventos por categorias ou fatores.

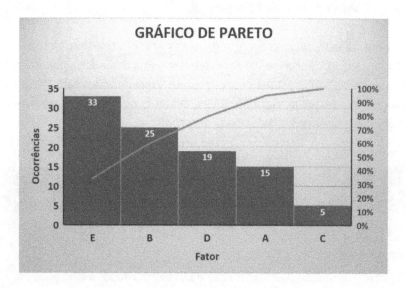

Em projetos de melhoria, o Pareto tem aplicação fundamental para identificar os maiores ofensores no desempenho de uma variável Y que, após serem priorizados, serão analisados com maior profundidade para gerar ações focadas na mitigação das causas dos problemas e na melhoria dos resultados visando atingir os objetivos do projeto.

No século XIX, Vilfredo Pareto formulou o Princípio do Pareto quando descobriu que 80% da riqueza da Itália pertencia a 20% da população italiana. Essa regra 80/20 continua atual para muitas situações. Alguns exemplos: 20% do portfólio de produtos é responsável por 80% das vendas, 20% dos motivos de reclamações abrangem 80% da quantidade de reclamações, etc.

8.2.1.2. Riscos potenciais e causas-raiz das falhas

Análise preventiva

O FMEA (*Failure Mode and Effect Analysis*), ou Análise dos Modos de Falha e seus Efeitos, é uma abordagem sistemática com o intuito de:

> ➢ Reconhecer e avaliar falhas potenciais de um produto/processo e os efeitos dessa falha.

> Mensurar o nível de risco e a ocorrência e a gravidade das falhas.
> Priorizar e identificar ações que poderiam eliminar ou reduzir a possibilidade de ocorrência de uma falha potencial.

O FMEA permite estruturar processos robustos por antecipar problemas potenciais que afetariam sua eficiência e eficácia. Estabelece uma dinâmica analítica abrangente e profunda, o que permite estabelecer um amplo leque de ações para mitigar e reduzir riscos de problemas que possam afetar a qualidade, os custos e a produtividade no desempenho das variáveis críticas do processo.

FMEA DE PROCESSO														
Etapa do Processo	Entradas (X's)	Modo de Falha	Efeito da Falha	S E V	Causas Potenciais	O C C	Controles Atuais	D E T	R P N	Ação Preventiva	Data e Resp.	S E V	O C C	D E T	R P N

Por meio do FMEA são geradas muitas ações potenciais para melhoria do processo que no modelo híbrido serão validadas e selecionadas no ciclo iterativo.

Análise de causa-raiz

Todo o conjunto de estudos realizados até esta etapa levantou problemas e deficiências do processo relacionados às variáveis críticas que precisam ter uma análise mais profunda para identificação da verdadeira causa-raiz.

O Diagrama de Causa e Efeito (também conhecido como diagrama de espinha de peixe ou Ishikawa) permite uma análise ampla de um problema buscando identificar potenciais causas a partir dos 6Ms (matéria-prima, método, medição, mão de obra, máquina e meio ambiente), em que são levantados fatores em cada M que possam estar relacionados ao problema em estudo. Após a identificação das causas potenciais, é feita a seleção das mais prováveis de gerar o problema em análise.

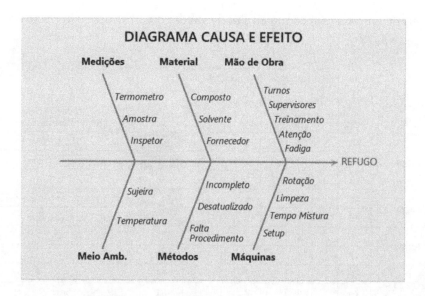

Para avançar e complementar a análise de Ishikawa, podemos utilizar o método dos 5 Por quês. É uma técnica utilizada para avaliar e identificar a verdadeira causa-raiz dos fatores priorizados no diagrama de Ishikawa responsáveis pelos problemas em análise:

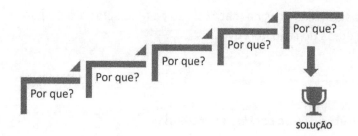

8.2.1.3. Melhorias relacionadas com a consolidação das variáveis críticas

A equipe tem o grande desafio de transformar todo o conhecimento adquirido com os estudos e análise realizados nesta etapa em melhorias potenciais para atingir as metas do projeto. Nesse sentido, podem ser utilizadas várias técnicas, desde um simples *brainstorming* até a aplicação da técnica de ideação do *Design Thinking*.

A matriz causa e efeito deve ser complementada para que concentre e sintetize todas as melhorias identificadas e relacionadas com as variáveis críticas do processo.

Em face das novas descobertas e dos aprendizados sobre as relações dos fatores--chave do processo, vale a pena revisitar a pontuação na matriz causa e efeito das variáveis de entrada (Xs) com o intuito de validar ou retificar seu impacto nas variáveis de saída (Ys).

Etapa do processo		Peso	Y1 3	Y2 3	Y3 5	Y4 4	Y5 3	Y6 5	Total	Sugestões de melhorias
Etapa 10	X1		5	3	5	5	5	3	99	Melhoria dos padrões
	X2		5	3	3	5	3	3	83	Organização e limpeza
	X3		3	3	1	1	1	1	35	
Etapa 20	X4		3	2	5	5	1	5	88	Troca e manutenção de peças
	X5		5	5	3	5	3	3	89	Capacitação da equipe
Etapa 30	X6		3	1	5	3	1	1	57	
	X7		1	1	3	5	1	3	59	
Etapa 40	X8		3	1	1	3	1	1	37	
	X9		1	1	1	3	1	1	31	
Etapa 50	X10		3	2	3	3	1	1	50	
	X11		5	5	5	5	5	5	115	Troca de tecnologia e automação
	X12		1	1	1	1	1	1	23	

(Cabeçalho: Variáveis de saída (Y); lateral: Variável de entrada (X))

As melhorias concentradas na matriz causa e efeito serão a base para as atividades na próxima etapa do ciclo iterativo.

8.2.2. Priorizar

8.2.2.1. Estruturação do *backlog* de melhorias

As melhorias potenciais identificadas no **Analyze** seguem os mesmos critérios de avaliação:

➢ O grau de esforço de implementação de cada melhoria.
➢ O impacto da melhoria na meta do projeto.
➢ Posição da melhoria no quadrante correspondente da matriz esforço x impacto.

Analyze híbrido **143**

[Matriz Esforço X Impacto - preenchida com melhorias em todos os quadrantes]

8.2.2.2. Priorização das melhorias

A equipe discute e prioriza as melhorias dos quadrantes I, II e III a serem implementadas na *Sprint* **Analyze**.

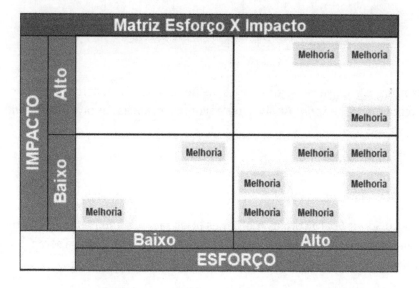

Todas as melhorias não priorizadas até o momento continuam na Matriz esforço x impacto para serem avaliadas nos próximos ciclos iterativos.

8.2.2.3. Composição da *Sprint*

As melhorias selecionadas são transferidas da matriz esforço x impacto para o *Sprint Board* e posicionadas na linha do *Sprint* **Analyze** e na coluna do *Sprint Backlog*.

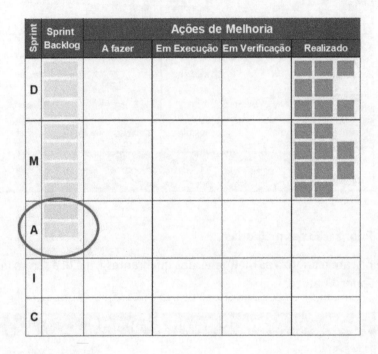

Mantemos a estratégia de particionar as melhorias que não puderem ser implementadas integralmente na *Sprint* **Analyze** para serem concluídas nas próximas *Sprints*: I e C.

8.2.3. Implementar

8.2.3.1. Planejamento da *Sprint*

A partir do *Sprint Board* com as melhorias priorizadas, a equipe faz o detalhamento das melhorias selecionadas no *Sprint Backlog* em ações e entregas a serem realizadas nesta *Sprint* do **Analyze** e posicionadas na coluna "A fazer":

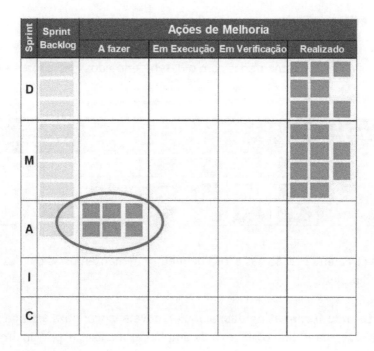

8.2.3.2. *Sprint* de melhorias

A equipe realiza novamente o ciclo para a realização das ações planejadas de acordo com o *Scrum* utilizando *Kanban Board* e as reuniões de *Daily Scrum*.

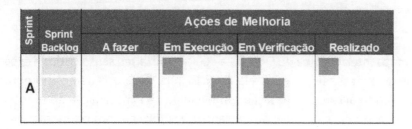

8.2.3.3. *Daily Scrum*

A equipe mantém a dinâmica das reuniões periódicas para garantir a efetividade na implementação das melhorias.

8.2.3.4. Revisão da Sprint

Com mais uma nova atualização do quadro de gestão à vista, a equipe avalia e correlaciona as ações implementadas com o desempenho dos indicadores e metas do projeto:

Indicador	Baseline	\multicolumn{5}{c	}{MELHORIA}	META
		D	M	A	I	C	
OEE	58%	58%	64%	68%			75%
OTIF	62%	68%	74%	88%			95%
FPY	59%	62%	69%	73%			89%

Ao final da implementação das ações de melhoria, mantemos as opções de continuidade do projeto:

1. **Metas não foram atingidas:** a equipe deve avançar para a etapa seguinte, **Improve**, mantendo o objetivo de ampliar as análises e, principalmente, implementar as ações de melhoria para alcançar as metas.
2. **Metas atingidas:** a equipe pode seguir diretamente para a etapa **Control**. Neste caso o foco será garantir a sustentabilidade dos ganhos e dos novos níveis de desempenho alcançados nos indicadores do projeto.

8.2.3.5. Retrospectiva da Sprint

Nesta etapa intermediária do DMAIC, a equipe utiliza seu senso crítico e experiência acumulada até essa terceira rodada do ciclo iterativo, buscando o aprimoramento da dinâmica e eficiência de atuação como equipe e a consolidação do conhecimento adquirido, a visão e o domínio das ferramentas utilizadas nos ciclos iterativos.

Com as lições aprendidas até esse momento, a equipe continua sua jornada para a próxima etapa do DMAIC.

9. Improve híbrido

Um dos principais propósitos da etapa **Improve** é implantar melhorias e realizar mudanças com efetividade para alcançar os objetivos do projeto. Com o conhecimento amplo e profundo adquirido pelas análises investigativas das etapas anteriores, a equipe tem pleno entendimento das relações "causa e efeito" entre as variáveis do processo, estando, portanto, apta para propor, priorizar, testar e implementar melhorias e atingir as metas do projeto.

Para as causas-raiz estudadas no **Analyze**, as soluções de melhoria precisam ser identificadas, validadas e, em alguns casos, ampliadas para então serem implementadas por meio de um efetivo plano de ação.

É o momento de otimizar e racionalizar a forma de execução das atividades com foco em aprimorar o processo com o auxílio de estudos que indiquem a melhor combinação entre as variáveis críticas identificadas. A realização de testes piloto e experimentos nessa etapa possibilita encontrar a melhor configuração dos parâmetros das variáveis, com impacto significativo para a variabilidade e os resultados do processo.

A equação $Y = f(x)$ será consolidada no **Improve** e terá papel estrutural para a composição e gestão do novo processo em construção.

Nessa dinâmica de melhoria, serão identificadas diversas soluções para os problemas que originaram a necessidade do projeto, requerendo metodologias e técnicas robustas de avaliação e seleção.

Podemos resumir como principais objetivos da etapa **Improve**:

> - Identificar e desenvolver soluções a partir das relações causa/efeito estudadas e validadas no **Analyze**.
> - Avaliar impacto, testar significância, selecionar e otimizar as melhores soluções propostas.
> - Identificar a melhor configuração das variáveis críticas para maximizar os resultados e entregas do processo.
> - Desenvolver um abrangente plano de ação para implementação das melhorias priorizadas.
> - Implantar com eficiência as ações de melhorias e inovações planejadas.
> - Medir impacto e eficácia das mudanças nos indicadores do projeto.

9.1. Modelo híbrido aplicado ao Improve

Nesse estágio do projeto, o modelo híbrido proporcionou grande diferencial ao promover e implementar ciclos de melhorias nas etapas **Define**, **Measure** e **Analyze**.

O grande desafio agora é expandir, complementar e aprofundar as melhorias, bem como identificar e desenvolver soluções de inovações para o atendimento de variáveis em um ambiente complexo, no qual a interação humana é significativa.

As melhorias e inovações a serem implementadas requerem visão integrada e sistêmica visando o aprimoramento da cadeia de valor. Nesse movimento, as etapas e atividades que compõem o processo serão balanceadas visando estabelecer um fluxo contínuo e harmônico com maior confiabilidade, agilidade e produtividade.

9.2. Ciclo iterativo Improve híbrido

As atividades que compõem este ciclo iterativo são:

1. Identificar
• Melhores soluções (fluxo de valor e tecnologias)
• Condições otimizadas de operação
• Soluções e condições de maior impacto
2. Priorizar
• Estruturação do *backlog* de melhorias
• Priorização das melhorias
• Composição da *Sprint*
3. Implementar
• Planejamento da *Sprint*
• *Sprint* de melhorias
• *Daily Scrum*
• Revisão da *Sprint*
• Retrospectiva da *Sprint*

Vamos entender no detalhe a dinâmica deste ciclo iterativo:

9.2.1. Identificar

9.2.1.1. Melhores soluções (fluxo de valor e tecnologias)

Neste estágio do projeto, conforme já mencionado, a equipe implementou várias melhorias, coletou novos dados, pôde observar e medir o impacto das mudanças nas métricas do projeto e compreendeu claramente as relações causa/efeito entre as variáveis do processo. Possui, portanto, um *backlog* com várias melhorias que não foram priorizadas, mas com potencial de serem implantadas.

O propósito da equipe agora será utilizar toda a experiência e o conhecimento adquirido visando a validação da eficácia das ações propostas, bem como ampliar ou identificar novas melhorias (incluindo inovações) que sejam complementares àquelas implementadas.

Para dar conta dessa empreitada, será necessário ampliar o repertório de metodologias e ferramentas. A abordagem híbrida possibilita trazer um grande espectro de soluções já validadas e utilizadas pelo mercado, além das tradicionais do *Lean* Six Sigma, que proporcionem as melhores soluções possíveis para o fluxo de valor e consolidem um desempenho alinhado às metas esperadas. As possibilidades metodológicas são imensas. Destacamos algumas que já são tradicionais no **Improve**, bem como novas abordagens que julgamos aderentes ao modelo híbrido.

Soluções do *Lean* para o fluxo contínuo

Os conceitos e metodologias do *Lean* oferecem um amplo conjunto de soluções metodológicas altamente eficazes para resolver problemas ou propiciar estabilidade, fluidez, qualidade e confiabilidade ao processo.

Na casa que representa o sistema *Lean* temos a representação dos pilares e metodologias para estruturar fluxos de valor eficientes e eficazes.

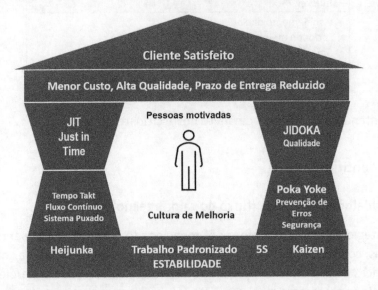

Apresentamos a seguir alguns conceitos e ferramentas que podem ser incorporados como melhores soluções no **Improve**:

Trabalho padronizado: estabelece métodos para dimensionar e implementar fluxo de trabalho balanceado, padronizado, estável e confiável. É a base de estabilidade do sistema *Lean*. É estruturado com base nos seguintes elementos:

➢ Ritmo de trabalho dos colaboradores nivelado pela demanda do cliente (tempo *takt*).
➢ Realizado em uma sequência de trabalho racionalizada, otimizada, bem definida e padronizada.
➢ Com nível de estoque balanceado e padronizado.

- Com documentos visuais, simples e claros que mostram um método padrão a ser seguido para uma eficiente execução das atividades que compõem o fluxo.
- Equipe capacitada e comprometida com o padrão de trabalho.

O trabalho padronizado busca estabelecer a melhor combinação entre pessoas e equipamentos utilizando o menor volume de mão de obra, espaço, inventário e equipamentos. É uma ferramenta muito eficaz para estruturar processos altamente eficientes e produtivos.

JIT – *Just In Time*

Um dos pilares do *Lean*, o JIT estabelece um sistema de administração da produção em que cada etapa do processo só deve produzir um bem ou serviço quando a etapa do processo seguinte solicite. É o conhecido sistema de produção puxado. Tem como premissa acionar o fluxo produtivo quando houver demanda do cliente.

O JIT constrói um fluxo de processo flexível, ágil, eficiente, com baixos níveis de estoque. Em resumo, consolida um fluxo de valor contínuo, unitário e puxado.

Essa condição requer processos enxutos, estáveis, balanceados e confiáveis, bem como uma sincronização com a cadeia de fornecedores que sustente o sistema puxado por meio de entregas contínuas e em pequenos lotes, conforme demanda.

Na prática, para termos um sistema JIT eficaz, a empresa necessita ter um alto grau de maturidade e aplicação dos principais fundamentos e ferramentas do *Lean*. Vamos destacar alguns desses métodos e soluções:

Kanban: é um dispositivo sinalizador que autoriza a produção ou o abastecimento de materiais dentro de um sistema puxado de produção. Pode ser aplicado através de um cartão físico, um espaço demarcado visualmente por cores, um sistema eletrônico de controle etc.

Algumas de suas características são:

- Diz exatamente a quantidade e o tipo de item necessário (o quê e quanto).
- Determina e padroniza o nível de inventário.
- Simplifica o planejamento de produção e reposição.
- Aciona o abastecimento e a reposição de estoque visualmente/automaticamente.

O *Kanban* propicia soluções robustas para consolidar um fluxo contínuo, ágil, flexível e com mínimo de estoque.

SMED (*Single Minute Exchange of Die*): é uma técnica destinada à execução de operações de *setup*, buscando realizar uma rápida troca de ferramentas ou o preparo para se iniciar rapidamente alguma tarefa. Por exemplo, reduzir o tempo gasto por um analista para iniciar suas atividades desde sua chegada ao seu local de trabalho.

Estabelece que o *setup* seja executado em tempos de um dígito de minuto, ou seja, realizado em menos de 10 minutos. Tem como foco simplificar as atividades do *setup*, bem como realizá-las o máximo possível sem a necessidade de parada do equipamento e/ou processo.

O SMED agiliza e flexibiliza a produção, permitindo a migração de produção de grandes para pequenos lotes e iniciar rapidamente tarefas, muitas vezes repetitivas. Propicia ganhos consideráveis de produtividade. Requer baixo investimento.

5 Sensos (5S): tem como objetivo mobilizar, motivar e conscientizar todos os colaboradores para manter e melhorar a organização, limpeza e disciplina no local de trabalho. Suas práticas são baseadas em cinco sensos:

1. *Seiri* – **senso de utilização**: elimina o que não é útil separando o necessário do desnecessário e descartando o que for supérfluo.
2. *Seiton* – **senso de organização**: estrutura um ambiente de trabalho para que todos os itens de uso para realização de tarefas estejam em local organizado, de fácil acesso, arrumado e bem identificado. Visa facilitar o acesso rápido aos materiais ou às ferramentas quando necessário.
3. *Seiso* – **senso de limpeza**: estabelece práticas disciplinadas para realização e manutenção da limpeza e higiene do ambiente de trabalho. Busca eliminar causas que geram sujeira.
4. *Seiketsu* – **senso de padronização**: elabora padrões e procedimentos a serem seguidos em relação ao definido nos 3S anteriores (utilização, organização e limpeza) e aprimora as suas práticas.
5. *Shitsuke* – **senso de disciplina**: incorporar no dia a dia os padrões e procedimentos definidos, criando uma cultura de limpeza e o compromisso de manter os sensos na rotina de trabalho.

A consolidação da cultura do 5S propicia múltiplos ganhos, como:

> - Maior produtividade no trabalho.
> - Aumento da qualidade dos produtos e serviços.

- Redução de custos e desperdícios.
- Ganho de espaço e organização.
- Maior segurança no trabalho.
- Melhoria no clima organizacional, satisfação e motivação dos funcionários.
- Maior competitividade organizacional.

O 5S pode ser aplicado em locais físicos ou virtuais. Muitas vezes há uma grande quantidade de informação, dados, softwares, aplicativos e arquivos em geral que não são acessados e utilizados, porém, estão mantidos em computadores pessoais, *mainframes*, sistemas informáticos, dispositivos móveis etc. O conceito de 5S se aplica também à quantidade de documentação, procedimentos, normas etc. gerada em uma organização e que pode se tornar obsoleta sem ser eliminada.

Poka yoke: tem o objetivo de desenvolver métodos, dispositivos e meios (inclusive eletrônicos) para detectar e/ou eliminar erros durante a execução de atividades no processo. Conhecido como sistema à prova de erros, busca desenvolver soluções na forma como as atividades são executadas, evitando ou prevenindo a ocorrência de erros inadvertidos pelas pessoas durante a execução das suas tarefas.

Esse dispositivo torna os processos robustos e confiáveis sem a necessidade de controles e inspeções, por sua característica preventiva.

No nosso dia a dia estão incorporados diversos *poka yokes* visando segurança e funcionalidade, como:

- Micro-ondas desligar seu funcionamento quando aberto.
- Layout assimétrico do *chip* do celular para encaixe único.
- Queda do interruptor de energia em sobrecarga.
- Desligamento automático de farol do carro.
- Dígito de verificação nos números de documentos.
- Preencher campos obrigatórios para seguir ao próximo.

TPM (*Total Productive Maintenance*): manutenção produtiva total – estrutura um sistema de manutenção de equipamentos com o objetivo de eliminar perdas, diminuir paradas não programadas, reduzir custos de manutenção e aumentar segurança, confiabilidade e qualidade nos processos.

O TPM tem como fundamento o engajamento total de todas as pessoas da organização e uma aplicação efetiva e sistêmica do 5S. Esses fundamentos dão a base para os oito pilares do TPM:

- ➢ Melhorias específicas.
- ➢ Manutenção autônoma.
- ➢ Manutenção planejada.
- ➢ Treinamento e educação.
- ➢ Manutenção da qualidade.
- ➢ Controle inicial.
- ➢ Áreas administrativas.
- ➢ Segurança, higiene e meio ambiente.

O TPM possibilita maximizar a eficiência operacional dos equipamentos, estabelece foco em atingir as metas de zero perda, erro, defeito, desperdício, poluição e acidente. Tem um grande impacto na produtividade e confiabilidade do processo e sustenta o fluxo contínuo de um sistema puxado.

Esses oito pilares, sendo eficientemente implementados, proporcionam significativo aumento na capacidade e produtividade do processo, reduzindo os tempos de entrega e eliminando defeitos.

> Dica: essas metodologias e ferramentas do *Lean*, assim como outras destacadas desde a etapa do Define, dentro do conceito do modelo híbrido, podem ser utilizadas em qualquer etapa do DMAIC.

Testes piloto/MVP

A realização de um teste piloto, que pode ser considerado um pré-teste, visa experimentar, avaliar e validar o impacto e a eficácia de soluções antes de formalizá-las como melhorias efetivas para o processo. A ideia é realizar testes piloto utilizando pequenas amostras em um curto espaço de tempo.

Naturalmente, a equipe do projeto deve definir o melhor modelo para essa validação. Podem ser realizadas por meio de experimentos ou mesmo um MVP (*Minimum Viable Product*), o Produto Mínimo Viável, muito utilizado para validar, junto ao mercado, um novo produto desenvolvido por uma *startup*. Essa abordagem tem sido utilizada pelas *startups* também para validar novas funcionalidades de um produto. No nosso caso, normalmente queremos avaliar uma nova solução para uma atividade ou funcionalidade do processo.

Os principais benefícios dos testes piloto são:

> Comprovar e validar hipóteses e soluções.
> Obter experiência em menor escala para futuro *scale-up*.
> Reduzir custo de implantação e já obter benefícios.
> Capacitar pessoas/equipes.
> Engajar pessoas/equipes.
> Identificar riscos, erros e necessidade de pivotamento de ideias e soluções.

Tecnologias digitais

Estamos em um momento histórico de grandes transformações da humanidade determinado pela rápida evolução tecnológica que vivemos. Ela impacta todos os aspectos da vida humana: educação, diversão, comunicação, mobilidade e profissional.

Como já vimos, o mundo VUCA/BANI é nosso novo normal, que requer uma visão inovadora e agilidade na mudança para darmos conta das incertezas e da volatilidade derivada das rápidas mudanças no ambiente. As tecnologias emergentes trazem oportunidades de encontrarmos soluções inovadoras, evolutivas ou disruptivas, para os fatores (Xs) críticos identificados nas etapas anteriores no projeto de melhoria.

Podemos citar algumas como subsídios que as equipes possam considerar como melhores soluções para seus projetos.

Indústria 4.0

156 Modelo Híbrido

A indústria passa pela quarta revolução industrial, que gera grandes mudanças nos processos em geral – e não só os industriais – pela incorporação de tecnologias inovadoras em automação, controle, dados e informação.

A indústria 4.0 engloba a aplicação de tecnologias disruptivas como *machine learning*, inteligência artificial, IoT, redes conectadas, *big data*, etc., com o objetivo de tornar os processos dentro e fora da indústria altamente automatizados, independentes e inteligentes. Essa conjunção de fatores gera grande transformação ao tornar os processos ágeis, produtivos, precisos, com maior qualidade e menor custo.

RPA – *Robotic Process Automation*

RPA é um uso inteligente da tecnologia para executar, com eficiência, tarefas repetidas e demoradas. Na automação do processo, o robô imita as ações humanas, ao contrário da inteligência artificial, que é simulação de inteligência humana por máquinas.

A automação de processos robóticos leva ao aprendizado da máquina e à inteligência artificial em estágios posteriores. O *Value Stream Map* e a matriz ECRS-I são excelentes ferramentas para identificação e seleção de tarefas elegíveis a esse tipo de automação. Tarefas que não geram valor ao cliente, mas necessárias para o negócio, são, muitas vezes, foco desse tipo de melhoria/inovação.

Aplicativos

Os aplicativos já se incorporaram na rotina das atividades humanas. Eles trazem soluções para relacionamento, comunicação e execução de tarefas de forma simples, intuitiva, eficiente e eficaz.

Eles permitem mobilidade, disponibilidade, integração e acessibilidade de fluxos de dados, informações (conclusões baseadas nos dados), orientações, sugestões, solicitações, execução etc. Com todas essas vantagens, eles podem ser uma excelente alternativa de melhoria para um fator crítico ou uma atividade-chave do processo ou sua gestão e controle.

Machine learning

Esse é um subcampo da ciência da computação e da inteligência artificial que lida com a construção de sistemas que podem aprender por conta própria, daí o nome machine learning, ou aprendizagem de máquina, a partir de dados e sem depender de uma programação baseada em regras.

158 Modelo Híbrido

O *machine learning* compreende técnicas que ajudam a lidar com grandes quantidades de dados, desenvolvendo algoritmos ou um conjunto de regras lógicas.

Seu uso é amplo, como nos mostram os seguintes exemplos: mecanismos de recomendação de compras/vendas, identificação de fraude em bancos, liberação de crédito, carros autônomos, sugestão de filmes em serviços de *streaming*, propagandas dentro de redes sociais etc. Podemos desenvolver algoritmos que aumentem a objetividade de decisões, identificações, clusterizações e finalmente a efetividade de negócios.

Um alerta: *machine learning* e modelagem não são abordagens oponentes, e sim complementares. O *machine learning* nos leva a predizer o que deve ocorrer e a modelagem estatística nos explica o porquê disso. Dessa forma, podemos tomar a decisão correta de "como" atuar, pois sabemos em quais fatores atuar e quais resultados esperar em um mundo dinâmico.

Aliás, uma vantagem do *machine learning* é que o algoritmo se ajustará às mudanças nesse mundo VUCA/BANI. O algoritmo de um *machine learning* é baseado em dados obtidos como em um filme contínuo onde os dados são continuamente alimentados e nos permite predizer o que esperar, porém não necessariamente o porquê. Enquanto isso, uma equação advinda de uma regressão múltipla se ajusta aos dados que foram obtidos como que em uma foto e nos explica os porquês ou nos indica os fatores críticos e significativos, mas é uma equação estática, que explica um determinado momento, que pode mudar no futuro. Notamos, assim, como cada aplicação em conjunto dessas técnicas pode nos ajudar na melhoria dos processos e na inteligência dos negócios.

Inteligência artificial

É um conjunto de software, lógica, computação e disciplinas filosóficas que visa fazer com que os computadores realizem funções que seriam exclusivamente humanas, como perceber o significado em linguagem escrita ou falada, aprender, reconhecer expressões faciais e assim por diante. O campo de IA tem um longo histórico, com muitos avanços anteriores, como reconhecimento de caracteres ópticos, que agora são considerados rotina.

Muitas vezes o uso de inteligência artificial é precedido pela aplicação de RPA, *machine learning* e modelagem estatística, pois essas técnicas proporcionam o suporte para a tomada de decisão (*machine learning*: predição de eventos; modelagem estatística: identificação das causas dos eventos) e posterior execução automatizada (com RPA).

Do ponto de vista econômico, existe muita vantagem em ter máquinas que realizam tarefas que costumavam precisar de seres humanos. Uma solução de inteligência artificial eficiente pode "pensar" mais rápido e processar mais informações do que qualquer cérebro humano. Além disso, a inteligência artificial tem o potencial de levar as expertises humanas (de aprender, concluir, decidir e atuar) para um processo ou organização, independentemente de barreiras físicas, geográficas, socioeconômicas etc.

Big data

O *big data* define um conjunto de dados coletados e armazenados em alto volume crescente, em diferentes formatos e com velocidade cada vez maior – conhecido também como 3Vs: volume, velocidade e variedade. Porém, *big data* não é em si mesmo uma solução, mas a base para soluções que necessitam de grande volume, velocidade e variedade de dados, que são extraídos de uma ou mais bases, tratados e limpos.

Soluções tecnológicas e computacionais como as compreendidas na indústria 4.0, *machine learning*, etc. capazes de processar, formatar, analisar e transformar dados em conhecimento e aprendizado para gestão e melhoria dos negócios fazem uso de uma base de *big data*.

Assim, se o grupo decidir por uma solução de *machine learning*, provavelmente deverá garantir uma boa base de *big data* implantada.

9.2.1.2. Condições otimizadas de operação

Para encontrarmos as melhores condições de operação do processo, é necessário um aprofundamento investigativo e analítico, visando testar e encontrar combinações e ajustes otimizados das variáveis críticas e assim obter um desempenho superior do processo.

Nesse estágio de desenvolvimento do projeto, o Six Sigma combina e sincroniza métodos estatísticos avançados e robustos que possibilitam conduzir estudos convergentes para a otimização dos parâmetros de operação de um processo. Vamos destacar um dos principais métodos utilizados para obter o melhor ajuste das variáveis do processo:

Design of Experiments (DOE) – Planejamento de experimentos

O planejamento de experimentos (em inglês *Design of Experiments*, DOE) é uma técnica poderosa para melhoria da qualidade, produtividade, índices de serviço e redução de custos. Como o próprio nome diz, são planejados e realizados experimentos com o objetivo de estudar a relação causa e efeito entre variáveis críticas do processo.

Os estudos de DOE permitem medir o impacto na dispersão de variáveis de saída (Y) quando manipulamos níveis de ajustes nas diferentes variáveis críticas (X) que atuam no processo. Assim como a regressão, podemos construir a equação preditiva Y = f(x), que representa o comportamento do processo e possibilita realizar projeções. Isso nos permite encontrar os valores, ou *ranges*, das variáveis críticas que otimizam os resultados finais do processo.

O DOE possibilita sair daquela condição normal de observador passivo da forma aleatória da atuação das variáveis críticas no resultado do processo. A realização de experimentos controlados acelera o aprendizado e ganho de conhecimento e propicia entendimento profundo do funcionamento das relações causa e efeito entre as variáveis X e Y.

Com uma dinâmica proativa, o DOE interfere e manipula as variáveis de entrada (Xs) de forma planejada, organizada e estruturada, tornando possível medir com objetividade a magnitude de influência causal dessas variáveis no desempenho das variáveis de saída (Y).

Para verificar o grau de impacto de cada variável X, são definidos níveis de ajustes dessas variáveis (que podem ser contínuas, ex.: temperatura, tempo, volume, ou variáveis de atributo, ex.: com aditivo/sem aditivo, método A/método B). O DOE estabelece um conjunto de experimentos que combina os diferentes níveis de cada variável entre si. A equipe deve adquirir as competências necessárias para o planejamento e a execução dos experimentos, bem como uma correta coleta de dados.

Após a realização dos experimentos planejados, os dados coletados são analisados. Essas análises requerem um amplo domínio analítico de técnicas estatísticas avançadas, como Análise de Variância – ANOVA.

Um grande benefício do DOE é verificar a existência de interação entre duas ou mais variáveis, ou seja, entender se existem fatores que precisam ser ajustados de forma combinada para obter um melhor resultado do processo.

As principais atividades para realizar um estudo de DOE são:

> - Identificar o problema.
> - Estabelecer objetivos claros.
> - Identificar as variáveis respostas (Y).
> - Estabelecer as variáveis críticas para análise (X).
> - Determinar os níveis de ajustes das variáveis.
> - Definir o tipo de experimento (completo, fracionado).
> - Planejar a execução.
> - Realizar os experimentos.
> - Análise prática, gráfica e analítica dos resultados.
> - Conclusão e decisões de configurações otimizadas.

A realização de estudos de DOE dentro de um projeto *Lean* Six Sigma nesse estágio do DMAIC traz a vantagem de a equipe possuir um entendimento profundo do processo, da relação causa e efeito das variáveis críticas com o resultado do processo e dos objetivos a serem alcançados com a realização de um DOE.

A facilidade proporcionada por poderosos softwares estatísticos para planejamento e análise de estudos de DOE democratizou seu acesso e uso em todos os segmentos de negócios. Com a ampla difusão do Six Sigma e, por consequência, a capacitação e certificação de um grande contingente de *Black Belts*, os estudos de DOE se tornaram acessíveis para muitas empresas, que começam a otimizar seus processos para além da área industrial e em outros segmentos de serviços como: saúde, logística, varejo, TI, etc., bem como nas áreas de marketing, vendas, financeiro, jurídico, etc.

9.2.1.3. Soluções e condições de maior impacto

O conhecimento e a experiência adquiridos com a aplicação de ferramentas e soluções como FMEA, DOE, JIT, *poka yoke*, VSM, CEP, aplicativos, *machine learning* etc. habilitam a equipe a identificar as melhores soluções e condições de operação das variáveis do processo que gerem maior impacto nos objetivos e metas do projeto.

O *Design Thinking* será muito útil no esforço de oferecer soluções inovadoras oriundas das análises nas etapas de ideação, prototipação e testes, ampliando, integrando ou complementando as melhorias potenciais já levantadas.

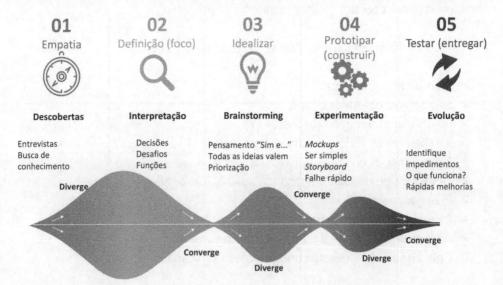

A matriz causa e efeito tem um papel fundamental para a consolidação e integração do conjunto de melhorias identificadas durante os estudos desenvolvidos em todas as etapas do DMAIC. Através dela, cada melhoria implementada nas *sprints* é registrada na matriz causa e efeito, ao lado da variável crítica que a originou, estabelecendo uma correlação pareada entre melhorias e as variáveis críticas.

Etapa do processo		\multicolumn{6}{c	}{Variáveis de saída (Y)}		
		Y1	Y2	Y3	Y4	Y5	Y6		
	Peso	3	3	5	4	3	5	Total	Sugestões de melhorias
Etapa 10	X1	5	3	5	5	5	3	99	Melhoria dos padrões
	X2	5	3	3	5	3	3	83	Organização e limpeza
	X3	3	3	1	1	1	1	35	
Etapa 20	X4	3	2	5	5	1	5	88	Troca e manutenção de peças
	X5	5	5	3	5	3	3	89	Capacitação da equipe
Etapa 30	X6	3	1	5	3	1	1	57	
	X7	1	1	3	5	1	3	59	
Etapa 40	X8	3	1	1	3	1	1	37	
	X9	1	1	1	3	1	1	31	
Etapa 50	X10	3	2	3	3	1	1	50	
	X11	5	5	5	5	5	5	115	Troca de tecnologia e automação
	X12	1	1	1	1	1	1	23	

(Variável de entrada (X))

A matriz causa e efeito assume um papel estratégico como aglutinadora, desde a etapa **Measure**, ao concentrar e sumarizar todo o conhecimento e aprendizado na relação causa e efeito das variáveis com as ações de melhoria desenvolvidas.

9.2.2. Priorizar

9.2.2.1. Estruturação do *backlog* de melhorias

Temos mais um "pacote" de melhorias potenciais identificadas no **Improve** para serem classificadas na matriz esforço x impacto. Nesse último ciclo iterativo de melhorias, os critérios de classificação de cada solução proposta necessitam abranger uma visão sistêmica que considere:

➢ O grau de esforço para integrar as melhorias já implementadas. Dependendo da complementaridade e sinergia com as mudanças feitas, pode ser que uma nova melhoria seja mais simples de implementar ou, por necessitar integração, requeira maior esforço. Esforço pode estar relacionado com tempo, custo, recursos e aprovações requeridas para a implantação da melhoria sugerida.

➢ Na análise do impacto, deve-se considerar a abrangência da melhoria na cadeia de valor, sua contribuição para atingir a meta dos indicadores do projeto, como também o aumento do IVA (Índice de Valor Agregado) no VSM do processo. O impacto de cada variável crítica (X) nas saídas (Y) já foi quantificado através da pontuação obtida na coluna "total" na Matriz causa e efeito; assim, se a melhoria impacta de maneira abrangente a variável crítica à qual está relacionada, então a pontuação de impacto dessa variável na matriz causa e efeito servirá como referência para classificar a melhoria na matriz esforço x impacto.

Podemos assumir que chegamos ao ápice na composição do *backlog* de melhorias na etapa do **Improve**. A matriz esforço x impacto tem um importante acervo de melhorias potenciais, aquelas não priorizadas nas etapas anteriores do DMAIC e as novas incorporadas nessa etapa, sendo todas passíveis de ser aproveitadas e implantadas.

9.2.2.2. Priorização das melhorias

A equipe deve analisar e priorizar as melhorias e inovações da matriz esforço x impacto considerando:

- A sinergia e complementaridade entre as melhorias e inovações potenciais do *backlog* com aquelas já implementadas.
- O grau de dificuldade de atingir as metas do projeto considerando o desempenho atual.
- Estruturação de um fluxo de valor balanceado, harmonizado, ágil, produtivo e com qualidade.
- As melhorias de alto impacto e alto esforço em face da sua contribuição para o cumprimento das metas e estruturação do fluxo de valor contínuo, eficiente e eficaz.

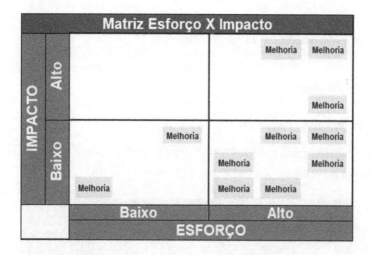

As melhorias não priorizadas nessa etapa devem ser documentadas e devidamente guardadas para que possam ser resgatadas futuramente, seja em um novo projeto ou para ação de melhoria pontual.

9.2.2.3. Composição da *Sprint*

Conforme o padrão estabelecido, as melhorias selecionadas são transferidas da matriz esforço x impacto para o *Sprint Board* e posicionadas na coluna do *Sprint Backlog* e linha da *Sprint* **Improve**.

Nesse momento, as melhorias priorizadas devem ser detalhadas em ações para serem implementadas na execução da *Sprint* **Improve**.

9.2.3. Implementar

9.2.3.1. Planejamento da *Sprint*

Com o detalhamento das melhorias no *Sprint Board*, a equipe planeja sua estratégia e se organiza para a execução das ações previstas na *Sprint*.

9.2.3.2. *Sprint* de melhorias

A equipe, com base na experiência das etapas anteriores, gerencia e implementa as ações planejadas, tomando o cuidado de integrar com todas as mudanças implantadas, assegurando a harmonização e complementaridade em uma visão integrada do fluxo de valor.

O *Kanban Board* será fundamental para um eficaz gerenciamento das atividades da equipe, bem como para as reuniões de acompanhamento.

Sprint	Sprint Backlog	Ações de Melhoria			
		A fazer	Em Execução	Em Verificação	Realizado
I					

9.2.3.3. Daily Scrum

Com base na abrangência, no esforço e no volume das ações de melhoria em curso de implementação, a equipe necessita manter a disciplina das reuniões periódicas visando garantir a efetividade na implementação das melhorias.

Por ser o último ciclo de melhoria do projeto, nas reuniões a equipe assegura a complementaridade e sinergia das melhorias em uma visão integrada. Isso pode requerer maior esforço e tempo de acompanhamento.

9.2.3.4. Revisão da *Sprint*

A reunião de revisão da *Sprint* deve assegurar a eficácia das ações de melhoria implantadas quanto ao seu impacto nos indicadores e no cumprimento das metas do projeto.

Indicador	Baseline	D	M	A	I	C	META
OEE	58%	58%	64%	68%	74%		75%
OTIF	62%	68%	79%	88%	94%		95%
FPY	59%	62%	69%	73%	82%		89%

No quadro de gestão à vista, a equipe avalia se todas as metas foram atingidas.

Após a implementação de todas as ações planejadas, caso as metas não tenham sido atingidas, a equipe deve voltar para a matriz causa e efeito e para o *Backlog* da matriz esforço x impacto, para avaliar possíveis causas, que podem ser:

➢ Implementação não adequada das melhorias.
➢ Quantidade de melhorias implementadas não suficiente para atingir o nível desejado da meta do indicador.

- Escolha de ações de baixo impacto (falha na avaliação na matriz esforço x impacto).
- Análise de causa-raiz incorreta.
- Outras tantas possíveis.

A equipe possui muito conhecimento acumulado do processo e está devidamente apta para as análises de causas e a definição e seleção de ações complementares a partir do *backlog* de melhorias ou das informações de todos os estudos e análises feitos nas etapas do DMAIC. Esse ciclo de análise e incremento de melhorias complementares deverá ser executado até que as metas do projeto sejam atingidas.

No momento em que os objetivos e metas do projeto forem alcançados, a equipe considera a etapa do **Improve** finalizada e avança para a etapa **Control**. É fundamental que todos os ganhos operacionais e financeiros intangíveis sejam levantados e documentados.

9.2.3.5. Retrospectiva da *Sprint*

A equipe teve um aprendizado valioso por coordenar e executar quatro ciclos iterativos de melhoria. Essa experiência possibilita que nessa retrospectiva da *Sprint* a análise crítica seja mais abrangente e madura para avaliar a dinâmica e a evolução da equipe durante o desenvolvimento do projeto, bem como sua produtividade e eficiência na aplicação das metodologias e ferramentas durante as etapas do modelo híbrido.

O importante agora, além das questões relativas ao conhecimento adquirido e domínio das ferramentas utilizadas, é sedimentar e transformar todo esse conhecimento em um nível profissional maduro e experiente como especialista na implementação dos conceitos do modelo híbrido e todas as metodologias associadas.

As lições aprendidas devem estar claras para todos os membros da equipe e ser transformadas em competências para execução de novos projetos.

10. Control híbrido

Depois de alcançados os objetivos e metas do projeto, a etapa **Control** conclui o ciclo de melhoria do DMAIC. Seu foco é estabelecer uma sistemática de gestão e controles de processos que vai monitorar a estabilidade dos resultados no novo patamar de desempenho alcançado e garantir sua sustentabilidade e evolução no longo prazo.

É o momento de transformar todo o conhecimento adquirido pela equipe em padrões que formarão a nova base de gestão do processo. Eles servirão de base para a qualificação de todos os envolvidos no fluxo de valor do processo.

Esse conhecimento pode ser estendido para processos similares. Muitas das ações implementadas podem ter seus benefícios e ganhos amplificados ao serem replicadas em outras áreas.

Um aspecto fundamental também é garantir uma transição eficaz para o dono do processo e a equipe, visando a transferência de conhecimento e responsabilidade de seguir e manter o novo padrão do fluxo do processo e realizar a gestão e os controles definidos pelo projeto.

Nesta etapa serão estabelecidas as bases para o controle das variáveis críticas do processo que devem ser monitoradas e analisadas visando assegurar sua estabilidade e confiabilidade em atender às expectativas e necessidades dos clientes internos e externos.

Podemos resumir como principais objetivos da etapa **Control**:

> ➢ Documentar o formalizar o novo processo oriundo das melhorias realizadas pelo projeto.
> ➢ Desenvolver plano de controle para sustentar o novo patamar de desempenho alcançado pelo projeto.
> ➢ Capacitar equipes nas novas configurações e padrões de execução e gestão do processo.
> ➢ Preparar plano que suporte e sustente a implementação completa das melhorias em outros processos.
> ➢ Validar os ganhos de desempenho e resultados financeiros obtidos.
> ➢ Realizar a transição junto ao dono do processo e à equipe sobre a responsabilidade de seguirem e manterem os padrões, a gestão e o controle do processo.
> ➢ Formalizar o encerramento do projeto, integrando e documentando sua lógica, evolução dos indicadores e os resultados antes e pós melhorias.
> ➢ Comunicar os resultados para a organização, celebrar o sucesso e reconhecer a equipe e os envolvidos.

10.1. Modelo híbrido aplicado ao Control

A etapa de controle adquire no modelo híbrido um papel dinâmico e ágil, já que pode ser acionada a qualquer momento do projeto, seja no seu início, na etapa **Define**, como nas etapas seguintes, de **Measure** ou **Analyze**. Esse "atalho" ocorre quando, nas reuniões de revisão da *Sprint*, a equipe verifica que as metas do projeto foram atingidas.

Essa possibilidade está em consonância com os valores do modelo híbrido, que buscam desenvolver projetos com maior eficiência, menor esforço, uso de recursos e tempo. O objetivo é entregar melhorias continuamente até atingir as metas, sem necessariamente cumprir as etapas previstas do DMAIC.

10.2. Ciclo iterativo Control híbrido

As atividades que compõem este ciclo iterativo são:

1. Identificar
• Controles
• Oportunidades de *roll-outs*
• Oportunidades de replicações
2. Priorizar
• Estruturação do *backlog* de controles e melhorias
• Priorização dos controles e melhorias
• Composição das *Sprints*
3. Implementar
• Planejamento da *Sprint*
• Conclusão do projeto e gestão do conhecimento
• *Sprint* de melhorias
• *Daily Scrum*
• Revisão da *Sprint*
• Retrospectiva da *Sprint*

Vamos entender em detalhes a dinâmica do ciclo iterativo **Control**:

10.2.1. Identificar

Neste ciclo iterativo o foco é diferente: agora não estamos buscando identificar variáveis críticas e oportunidades de melhoria, e sim os melhores controles das características e melhorias que devem ser estendidas e replicadas em áreas fora do escopo original do projeto.

10.2.1.1. Controles

Os objetivos básicos para a estruturação de um sistema de controle é que este seja eficaz quanto à sustentabilidade do desempenho dos indicadores e eficiente com relação à utilização de recursos.

Normalmente, as atividades de controle de processo não geram transformação no produto e/ou serviço para o cliente final. As atividades de controle de processo caem na classificação como atividades que não agregam valor, embora necessárias e importantes, de acordo com os conceitos de valor agregado do *Lean*. Logo, devem ser otimizadas, pois consomem recursos. Lembrando: um processo perfeito não precisaria de controles, seria composto apenas por atividades de transformação que agregam valor para o cliente.

Nesse sentido, é fundamental estabelecermos que os controles do processo sejam:

- Racionalizados quanto à utilização de recursos.
- De baixo custo de manutenção.
- Eficazes no controle das variáveis críticas do processo.
- Simples e fáceis de ser executados.

Plano de Controle

O Plano de Controle é o documento estrutural utilizado para estabelecer e documentar o sistema de controle de um processo.

Existem vários padrões e modelos de Plano de Controle praticados no mercado. Apresentamos, como referência, um modelo simples para compor um controle de processo racionalizado:

PLANO DE CONTROLE					
Processo		Dono do Processo:		Data:	
A) Variável	B) Ação/Característica	C) Método de Controle	D) Frequência	E) Responsável	F) OCAP

Vamos entender os componentes deste Plano de Controle:

A) Variável

Na primeira coluna, o Plano de Controle define as variáveis críticas que serão medidas, monitoradas, analisadas e aprimoradas no ciclo de controle do processo. A matriz causa e efeito e o FMEA devem ser a base para identificar quais das variáveis críticas documentadas e analisadas durante o projeto devem compor o sistema de controle do processo.

No FMEA desenvolvido no projeto, os modos de falha e suas causas potenciais foram identificados, mensurados e priorizados através do NPR (Número de Prioridade de Risco). Nos campos de controle atual ou nas ações preventivas desenvolvidas, temos as diretrizes para estruturar um sistema de controle de processo eficaz e abrangente.

Com a experiência acumulada pelos ciclos iterativos de melhorias realizadas, a equipe adquire entendimento abrangente e profundo para selecionar as variáveis com alto impacto no resultado e variabilidade do processo para serem monitoradas, inclusive as que possibilitem fomentar a melhoria contínua do processo.

			Variáveis de saída (Y)				
			Eficiência de Produção	Homogeneidade	Qualidade do Produto	Custos de produção	Total
	Etapas do processo	Peso do requisito	6	3	6	3	
Variável de entrada (X)	Separação de matéria-prima	Peso de insumos – lote do dia	5	1	5	3	62
		Disponibilidade da matéria-prima	5	1	1	3	42
		Organização do estoque	3	1	1	2	29
		Quantidade de material	3	1	1	3	32
	Transporte para produção	Eficiência no abastecimento	5	5	1	3	54
		Precisão na quantidade	5	5	5	5	80
	Formulação	Aderência ao padrão	3	3	5	2	55
	Homogeneização	Volume Líquido	3	3	5	2	55
		Limpeza do tanque	5	3	3	1	52

Para a identificação das variáveis para o Plano de Controle, ordenam-se as variáveis críticas por pontuação na matriz causa e efeito e forma-se uma lista com as variáveis com maior impacto (maior pontuação) até as de menor impacto (menor pontuação) que sirva de base para selecionar controles potenciais.

B) Ação/Característica

Para cada variável crítica selecionada para o Plano de Controle, é necessário definir uma característica ou uma ação de melhoria implantada na qual será feita a medição, verificação ou acompanhamento com o intuito de garantir que a variável esteja dentro dos parâmetros de desempenho ou execução esperados.

C) Método de controle

Existem inúmeras técnicas para controle que podem ser aplicadas. Boa parte delas foi utilizada durante o desenvolvimento do projeto e pode ter um novo papel para a gestão do processo pós-projeto. É importante ressaltar a necessidade de estabelecer controles relativos à eficiência e eficácia dos processos.

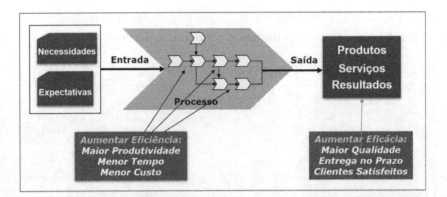

Vamos contextualizar aqueles controles que consideramos estruturais:

Acompanhamento de métricas: os processos possuem métricas para monitorar o desempenho de indicadores-chave do processo (Xs), bem como indicadores-chave de resultados (Ys). O acompanhamento dessas métricas, que pode ser feito através de quadros de gestão à vista ou outras formas, é uma modalidade de controle simples e intuitiva para que as equipes assegurem a sustentabilidade de ganhos e níveis de desempenho desejados.

Gráficos de Controle Estatístico de Processos podem ser uma excelente ferramenta para o acompanhamento robusto e preciso da variabilidade e estabilidade do processo. É altamente recomendável para monitorar e controlar as características que sofrem maior ação da entropia. Atualmente, com recursos automatizados de coleta de dados, sua aplicação e manutenção tornam sua utilização mais viável e simples. Uma opção é realizar estudos de estabilidade e capacidade de processos periódicos, ou seja, que ocorram em intervalos de tempos predefinidos no plano de controle.

Procedimento Operacional Padrão (POP): fundamental para documentar e padronizar as atividades definidas no novo fluxo de valor aprimorado pelo projeto. Será utilizado como referência para garantir a aderência dos envolvidos em seguir e sustentar o padrão de trabalho.

Auditoria: estrutura um processo sistemático, independente e documentado para avaliar e verificar se padrões, parâmetros ou especificações são executados de forma consistente e aderente ao estabelecido. A metodologia inclui avaliação da documentação, entrevistas, coleta de evidências e registro de não conformidades que devem ser tratadas e eliminadas.

Lista de verificação/*Check list*: estabelece, de forma simples e de fácil aplicação, os itens/requisitos que necessitam ser verificados sistematicamente. Tem também a função de documentar e evidenciar a realização de uma verificação.

Plano de comunicação: organiza o processo de comunicação contínuo e transparente relacionado aos objetivos e metas a serem alcançados, ao desempenho atual e resultados e ganhos conquistados, no nível organizacional e de processos/áreas, para manter o engajamento constante dos colaboradores em atingir suas metas e sustentar o desempenho desejado nos seus indicadores de eficiência e eficácia.

***Poka yoke*:** os dispositivos "à prova de erros" são uma excelente solução para prevenir falhas inadvertidas no processo, pois conseguem detectar ou prevenir esse tipo de ocorrência. A grande vantagem é que tornam o controle altamente confiável, racionalizado por utilizar pouco recurso.

Gestão à vista: as informações sobre o desempenho do processo devem ser comunicadas e disponibilizadas de forma efetiva, prática e simples para todos os envolvidos. A gestão à vista oferece uma sistemática para apresentar visualmente os dados de desempenho dos indicadores-chave do processo, bem como recursos e métodos para análise e tomada de ação quando necessário. *Displays* visuais, que podem ser físicos ou digitais, fornecem as informações necessárias para a gestão do processo e permitem atuação ágil da equipe sempre que necessário.

Para facilitar a composição para identificação dos controles potenciais do processo, a equipe pode, a partir da matriz causa e efeito, analisar cada variável crítica e melhoria implementada e sinalizar os controles potenciais. Na prática, está sendo criado o *backlog* de controles, que será a base para a priorização dos controles na próxima etapa do ciclo iterativo.

Treinamentos: a capacitação dos responsáveis pelas atividades definidas para os processos é fundamental para garantir a qualidade dos resultados esperados. Em diversas situações é necessário estabelecer controle e aferição do nível de capacitação dos colaboradores, estabelecer frequência de reciclagem de treinamentos-chave, implantação de matriz de versatilidade visando ampliação de qualificação das equipes em diferentes escopos de conhecimento etc. O foco é preservar o nível de conhecimento sustentável para operação do processo com alto desempenho e confiabilidade.

Oportunidades de controle
• Acompanhamento de métrica (x,y) • Procedimentos (POP) • *Check list* • Auditoria • Plano de comunicação • *Poka yoke* • Gestão à vista • Treinamentos • Outro

D) Frequência

A frequência de medição e o tamanho de amostra a ser utilizado no controle de processo de uma variável podem parecer uma definição relativamente simples. Não é o caso. Para essas definições devem ser considerados diversos fatores e conceitos avançados, como: tipo de dados, distribuições estatísticas associadas a esses dados e tipo de variação que se quer capturar dentro do conceito de subgrupo racional (causas comuns dentro das amostras e causas especiais entre as amostras). Para tanto, é necessário um especialista nesses conceitos para ajudar nessas definições.

O desenvolvimento tecnológico ligado à automação dos processos facilitou muito a coleta de dados. Atualmente, é possível ter à disposição 100% das informações de características medidas de uma população (clientes, produtos, processos etc.). Nesses casos, o desafio é saber como utilizar com eficácia esses dados para monitoramento, análise e tomada de decisão para melhoria de desempenho dos indicadores-chave do negócio.

E) Responsável

A responsabilidade pela medição, quando não automatizada, deve ser das pessoas ligadas diretamente à execução do processo. É fundamental que os responsáveis definidos tenham o compromisso e o engajamento para que a coleta de dados e sua apresentação sejam precisas e completas, alinhadas à frequência e ao método de controle estabelecidos.

F) OCAP

O OCAP (*Out of Control Action Plan*) é utilizado para descrever um fluxo de ação ou sequência de atividades a serem realizadas quando o controle de uma variável do processo detectar uma anomalia ou um problema que afete o desempenho esperado, ou quando a ação de controle não pode ser executada conforme o previsto.

No plano de controle, o OCAP está alinhado com cada variável estabelecida para controle; portanto, devemos desenvolver um plano de ação específico para cada variável a ser ativada quando o método de controle detectar um problema.

O OCAP é um plano de ação imediato frente ao problema. Ele não tem por objetivo descrever as potenciais causas-raiz e as ações a tomar, mas, sim, o que o responsável pelo controle deve imediatamente efetuar em caso de uma anomalia. Exemplos de ações imediatas são: comunicar pessoa "x", montar grupo para análise e remoção de causa-raiz, fazer disposição ou segregação do produto etc. A ideia é indicar qual a clara responsabilidade que o dono do controle tem no caso da ocorrência da anomalia.

Gestão da rotina

O gerenciamento da rotina tem como objetivo capacitar as equipes nos processos-chave para que sejam capazes de resolver problemas do dia a dia, promover melhorias incrementais e minimizar a demanda de problemas junto aos supervisores e gerentes.

A Gestão da Rotina (GDR) utiliza o conceito de SDCA para medir, monitorar, analisar e aprimorar os padrões do processo a partir dos indicadores de eficiência e eficácia do processo.

S	Estabelece os padrões do processo a ser seguido
D	Executa as atividades conforme padrão
C	Monitora e checa o cumprimento do padrão
A	Atua e age quando o processo sair do desempenho esperado

O Plano de Controle já estabeleceu alguns dos fundamentos da GDR: o processo, as características para controle e a sistemática de controle. A GDR pode ser utilizada como estratégia metodológica que amplifique o controle de processo para um modelo de gestão que fomente a melhoria contínua.

Nossa recomendação é que a equipe estabeleça uma estratégia que integre os controles do processo com a metodologia da gestão da rotina, estabelecendo uma sistemática robusta para promover o aprimoramento contínuo e sustentável do processo.

10.2.1.2. Oportunidades de *roll-outs*

O conjunto de melhorias realizadas no processo pode ser ampliado e expandido. Nesta etapa do ciclo iterativo o foco é identificar oportunidades de extensão das melhorias validadas para outros processos e áreas que possam usufruir dos ganhos obtidos a partir do escopo atual do projeto.

A equipe pode utilizar a matriz causa e efeito, que tem todas as melhorias documentadas, e avaliar uma a uma quais podem ser expandidas e para quais processos ou áreas da organização. É importante documentar essas possibilidades para a próxima etapa de priorização do ciclo iterativo.

A responsabilidade pela coordenação das melhorias a serem expandidas normalmente será do líder do projeto atual – e, nesse caso, ele deverá elaborar um planejamento de como o *roll-out* será efetuado.

A decisão com respeito à execução de necessidade de *roll-out* normalmente já está tomada no início do projeto ou é tomada ao longo dele, e o líder do projeto tem participação efetiva na análise e decisão, juntamente com a liderança envolvida.

10.2.1.3. Oportunidades de replicações

Outra análise de abrangência a ser feita a partir da experiência do projeto é avaliar oportunidades de replicação desse projeto em outras áreas, unidades de negócios, etc.

Nesse caso, diferentemente do *roll-out*, que é expandir ações específicas para outras áreas, a ideia é indicar quais ações do projeto, ou eventualmente ele como um todo, têm o potencial de ser replicadas por outras áreas e negócios da organização.

A replicação implicará na formação de outra equipe e líderes de projetos que serão responsáveis por conduzir a implantação das melhorias com base nas análises e melhorias realizadas no projeto atual. A decisão quanto a se haverá ou não replicação será tomada pela liderança da organização.

Portanto, toda a responsabilidade será dos gestores das áreas indicadas para realizar a replicação do projeto.

Control híbrido **179**

> Dica: como forma de simplificar a definição dos controles, essa composição poderá ser feita na própria matriz causa e efeito conforme exemplo a seguir.

Matriz C&E - Controle	Oportunidades de Controle								Oportunidade	
	Acompanhamento de métrica	Procedimentos	*Check list*	Auditoria	Plano de Comunicação	Poka Yoke	Gestão à Vista	Treinamentos	Outro	*Rollout*	Replicação

10.2.2. Priorizar

10.2.2.1. Estruturação do *backlog* de controles e melhorias

O *backlog* na etapa **Control** é diferente dos anteriores, pois temos três frentes complementares a priorizar:

- ➢ Variáveis e controles potenciais a serem implantados.
- ➢ Melhorias para *roll-out*.
- ➢ Áreas para replicação do projeto.

Nesse momento, a equipe deve garantir que na matriz causa e efeito – controle estejam sinalizadas, para cada variável crítica/melhoria implementada, todas as possibilidades de controle, *roll-out* e replicação, conforme exemplo a seguir:

Etapa	Variáveis	Oportunidades de Controle									Oportunidade	
		Acompanhamento de métrica	Procedimentos	Check list	Auditoria	Plano de Comunicação	Poka Yoke	Gestão à Vista	Treinamentos	Outro	Rollout	Replicação
10	X1		X	X	X		X	X			X	
	X2		X			X					X	
	X3	X		X	X			X				X
20	X4		X		X			X			X	
	X5			X	X			X				
30	X6	X	X				X	X			X	X
	X7			X	X						X	X
40	X8		X	X		X			X	X		X
	X9		X				X	X			X	
50	X10		X	X	X	X		X			X	
	X11	X		X	X			X				

10.2.2.2. Priorização dos controles e melhorias

A análise para priorizar os controles do processo deve considerar os critérios discutidos no início deste capítulo, ou seja, selecionar aqueles controles que sejam:

- Racionalizados quanto à utilização de recursos.
- De baixo custo de manutenção.
- Eficazes no controle das variáveis críticas do processo.
- Simples e fáceis de ser executados.

Os critérios para seleção das melhorias para o *roll-out* e replicação devem considerar o impacto da melhoria e os ganhos que proporcionarão em outras áreas e processos. Os controles priorizados serão documentados no Plano de Controle:

Variável	Ação/ Característica	Método de Controle	Frequência	Responsável	OCAP

Um Plano de *Roll-out* pode ser utilizado para organizar a estratégia de extensão de melhorias para outras áreas. A seguir apresentamos um exemplo:

Ação (o que)	Respons. (quem)	Prazo (quando)	Status	Local (onde)	Detalhamento (como)	Objetivo (por que)	Custo (quanto)

Da mesma forma, a replicação requer um quadro de sugestões que oriente sua realização nas áreas definidas:

Oportunidade de Replicação (descrição)	Área(s) (onde)	Ações Planejadas (o que)	Responsável (quem)	Prazo (quando)	Custo (quanto)

10.2.2.3. Composição das *Sprints*

As *Sprints* nessa etapa final do projeto podem ser estruturadas nas seguintes frentes de atuação:

- Implantação do Plano de Controle.
- Negociação do Plano de *Roll-out* e replicação.
- Conclusão do projeto e gestão do conhecimento.

Na coluna do *Sprint Backlog* serão discriminadas as diferentes iniciativas necessárias para concluir efetivamente as ações da etapa **Control**:

182 Modelo Híbrido

Sprint Backlog	Ações de Melhoria				
	A fazer	Em Execução	Em Verificação	Realizado
D				
M				
A				
I				
C				

10.2.3. Implementar

10.2.3.1. Planejamento da *Sprint*

Nesse planejamento precisamos detalhar as ações para a realização da gestão do conhecimento, implantação do Plano de Controle e do Plano de *Roll-out* e replicação.

De fato, as *Sprints* executarão ações focadas em documentar a gestão do conhecimento e garantir a conclusão e finalização eficaz do projeto.

Sprint	Sprint Backlog	Ações de Melhoria			
		A fazer	Em Execução	Em Verificação	Realizado
D					
M					
A					
I					
C					

10.2.3.2. Conclusão do projeto e gestão do conhecimento

Chegamos à etapa final para a conclusão do projeto. Como boa prática, temos importantes ações e atividades a serem desenvolvidas para garantir que:

- ➢ O conhecimento e a experiência acumulados com o projeto sejam preservados.
- ➢ Os resultados alcançados sejam comunicados pela organização.
- ➢ Os envolvidos sejam reconhecidos pelo trabalho executado.

184 Modelo Híbrido

As principais atividades a serem desenvolvidas são:

Atualização dos documentos
• Atualização dos documentos • FMEA, espinha de peixe, matriz causa e efeito, etc. • Mapa de processo, VSM (estado atual e futuro) • Procedimentos e instruções de trabalho
Medição de resultados
• Correlação resultado x uso das ferramentas • Comparar objetivo do projeto x resultados obtidos • Desempenho dos indicadores do projeto (*canvas*)
Comprovação de ganhos
• Calcular os ganhos financeiros obtidos • Solicitar a auditoria e aprovação da área financeira • Indicar futuros ganhos estimados
Apresentação dos resultados
• Para alta direção, gestores e donos do processo • Equipes operacionais envolvidas no processo • Canais de comunicação internos
Celebração e reconhecimento
• Eventos e cerimônias para reconhecimento • Celebração com os envolvidos • Evidenciar

10.2.3.3. *Sprint* de melhorias

A equipe, seguindo o planejamento da *Sprint*, gerencia a evolução das ações através do *Kanban Board* para garantir a execução das ações planejadas.

Sprint	Sprint Backlog	Ações de Melhoria			
		A fazer	Em Execução	Em Verificação	Realizado
C					

É essencial que a equipe esteja atenta a todas as frentes planejadas para garantir que o projeto seja concluído plenamente, principalmente com relação às atividades previstas na gestão do conhecimento, ou seja, assegurar que toda a documentação seja atualizada, os resultados sejam medidos totalmente e comunicados e apresentados para os gestores, a direção e as equipes de outros processos.

10.2.3.4. Daily Scrum

As reuniões de acompanhamento devem garantir que o sistema de controle e as melhorias serão efetivados apropriadamente.

A equipe acompanha a efetividade das ações para estruturação dos controles com olhar para a transferência, responsabilidade e sustentabilidade da gestão do conhecimento, controle do processo, extensão e replicação das melhorias.

10.2.3.5. Revisão da Sprint

A reunião de revisão da *Sprint* ganha uma dimensão ampliada nessa última etapa, pois está encerrando formalmente o projeto. A revisão deve garantir a sustentabilidade do desempenho dos indicadores com relação a se manterem dentro das metas estabelecidas pelo projeto.

Indi-cador	Baseline	\multicolumn{5}{c|}{MELHORIA}	META
		D	M	A	I	C	
OEE	58%	58%	64%	68%	74%	78%	75%
OTIF	62%	68%	79%	88%	94%	96%	95%
FPY	59%	62%	66%	73%	82%	89%	89%

O quadro de gestão à vista estará completo, podendo evidenciar visualmente a evolução dos indicadores do projeto nas etapas do DMAIC e com relação às metas.

Outro aspecto fundamental é assegurar que:

> ➢ A experiência e o aprendizado da equipe foram traduzidos e transferidos para os procedimentos e documentos do processo.
> ➢ Todos os envolvidos fora do projeto foram devidamente comunicados e treinados com relação à nova configuração e padronização do processo.
> ➢ O sistema de controle do processo definido no Plano de Controle está implantado e com a responsabilidade de execução adequadamente realizada.
> ➢ O Plano de *Roll-out* foi devidamente assimilado e aceito pelos gestores e a extensão e replicação das melhorias serão devidamente avaliadas.

10.2.3.6. Retrospectiva da *Sprint*

A reunião da retrospectiva da *Sprint* será uma das últimas reuniões antes do encerramento do projeto. Portanto, seu foco deverá ser avaliar o aprendizado e a transformação dos envolvidos no projeto na perspectiva de atuação como equipe, bem como o quanto o projeto colaborou para o aprimoramento da cultura de excelência da empresa, das outras áreas envolvidas, do amadurecimento profissional, nos aspectos técnicos e comportamentais dos envolvidos.

Projetos de sucesso devem deixar um legado. É fundamental entender o grau da contribuição que a prática das metodologias e ferramentas do modelo híbrido trouxe para a jornada de transformação cultural buscada por um programa de excelência.

Uma das análises a serem feitas é com relação à compreensão e à aplicação integrada e harmoniosa de *Lean*, Six Sigma, *Design Thinking* e métodos ágeis.

É preciso verificar a questão do equilíbrio entre gerenciamento ágil de projetos e a capacidade de gerar inovação e melhorias, resgatando a nossa visão de construir uma empresa ambidestra.

A transformação cultural para a excelência e inovação é lenta. Sabendo que cada projeto concluído com sucesso é um passo na consolidação dessa nova cultura, é importante que a equipe entenda sua contribuição e principalmente sinalize para os gestores os pontos fortes e o sucesso obtido, bem como apresente riscos e deficiências identificadas e estimule a firmeza de propósito e a liderança nessa estratégia.

11. *Case* – Modelo híbrido

Para exemplificar o uso do modelo híbrido (uma estrutura DMAIC híbrida com *Lean* Six Sigma, *Design Thinking* e ágil/*Scrum*), decidimos demonstrá-lo através da condução de um projeto em um processo existente no qual há a oportunidade de introduzir inovações e melhorias, as quais ainda deverão ser identificadas.

11.1. *Case* Coolgel

11.1.1. A empresa Coolgel

Com presença nacional, possui Centros de Distribuição (CDs) nas cinco regiões do país e distribui seus produtos para 80% dos municípios do Brasil.

11.1.2. Contexto e desafios para a empresa

A linha de álcool em gel teve um aumento de demanda em 287% em função da pandemia. Buscando usufruir das novas oportunidades de mercado para a linha de produtos de álcool em gel, a diretoria definiu os seguintes objetivos estratégicos com seus valores e metas:

- Aumentar sua fatia de mercado atual de 13,5% para 16%.
- Atender plenamente à nova demanda de mercado com OTIF (*On Time in Full*) de 95%.
- Aumentar o nível de eficiência geral de 57% para 85% de forma a garantir a fatia de mercado desejada.
- Obter ganho de escala em rentabilidade (sem *target* no momento).

Para atender a esses objetivos, foram realizadas as seguintes mudanças na operação da empresa:

- Aumento de 1 para 3 turnos de produção.

- Redimensionamento dos Centros de Distribuição (CDs).
- Contratação de novos fornecedores logísticos, com aumento da frota de caminhões.
- Contratação de equipes de vendas regionais.

Porém, após implementar as mudanças definidas a empresa obteve os seguintes resultados:

- Cumprimento de apenas 67% da nova demanda.
- Queda da fatia de mercado para 13,5%.
- Redução em 32% da rentabilidade da linha de álcool em gel.

Na análise dos principais motivos do baixo desempenho nos indicadores, as equipes técnica e comercial apontaram as seguintes causas:

- Perda de eficiência operacional na produção do álcool em gel.
- Logística de distribuição – apresentou baixa eficiência para entrega e reposição de produtos em todos os pontos de venda.
- Perda de espaço de vendas nos PDVs.
- Entrada de novos concorrentes, atraídos pelo aumento de demanda.
- Aumento dos custos da operação.

11.1.3. Identificação de projetos

A área de melhoria contínua foi acionada para ajudar na identificação de projetos que suportassem o alcance dos objetivos inicialmente definidos. Por meio da avaliação da cadeia de valor atual do álcool em gel, e em conjunto com os gestores, foram identificadas três áreas críticas como gargalos para o cumprimento dos objetivos estabelecidos:

- Área de envase do álcool em gel (produtividade).
- Logística de distribuição.
- Mercado – pontos de venda (PDVs).

Em cada área foi estabelecido um projeto específico com *targets* alinhados aos objetivos estratégicos anteriormente definidos.

Para fins didáticos, vamos nos concentrar no projeto "Mercado – PDVs". Ainda de acordo com os objetivos deste livro, nosso foco será apresentar a aplicação das metodologias dentro do modelo híbrido, sem a preocupação de detalhar o uso das ferramentas em si, mas, sim, seu contexto e sua contribuição para o desenvolvimento do projeto dentro da abordagem híbrida.

Mas antes vamos verificar por que o modelo híbrido é o método mais adequado para executar esse projeto.

11.2. Seleção da metodologia

Lembra-se da matriz de metodologias a aplicar (baseada na Matriz de Stacey) apresentada no Capítulo 3? Ao utilizar essa matriz para nos ajudar a identificar as metodologias que podem ser utilizadas nesse projeto, concluímos que esse *case* se localiza na matriz de metodologias, conforme a figura a seguir:

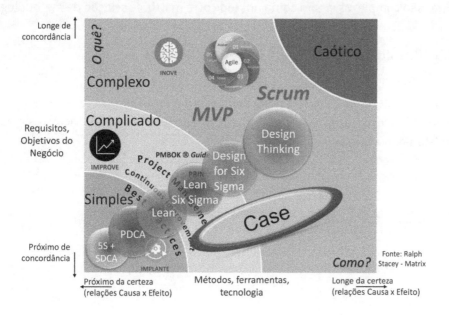

O "produto" a ser entregue por esse projeto se localiza parcialmente na zona do gráfico denominada "Complicado", pois as relações de causa e efeito ainda não estão claras, e também abrange em parte a zona do gráfico denominada "Complexo", pois as inovações também ainda não estão definidas e necessitarão de experimentos. Por isso, o modelo híbrido com o uso do DMAIC enxertado com métodos de inovação e *analytics* dentro de um *framework* ágil/Scrum será bem apropriado nesse caso.

A metodologia *Lean* Six Sigma será bem adequada para obter a compreensão das relações de causa e efeito e assim identificar onde implantar melhorias no processo atual. E para a identificação e experimentação das inovações, o *Design Thinking* será apropriado.

Porém, como estruturar esse projeto? Como executar o DMAIC (do *Lean* Six Sigma) e o *Design Thinking* e trazer incrementos potencialmente utilizáveis do produto e até mesmo para a sequência da aplicação das metodologias nas demais etapas? É exatamente a isso que se propõe o uso do *Scrum* (filosofia ágil), lembra-se? O *Scrum* emprega uma abordagem iterativa e incremental de valor ao longo do projeto por meio do uso de *Sprints*; assim, temos o nosso projeto híbrido com os métodos *Lean* Six Sigma e *Design Thinking* e o *Scrum* como uma estrutura para o projeto como um todo.

Isso significa que diversas "metodologias" e ferramentas ainda deverão ser aplicadas ao longo desse projeto, pois algumas das relações causa x efeito são complicadas e outras são complexas, assim como nos indicou a matriz de seleção de metodologias.

11.3. Resolução do *case* com o modelo híbrido

Para permitir um total acesso à resolução deste *case* através da aplicação do modelo híbrido, foi elaborado um site no qual o leitor poderá verificar todas as etapas do DMAIC híbrido, as ferramentas utilizadas, conclusões e resultados. Acesse: <https://modelohibrido.com.br/>.

12. Modelo híbrido – a evolução

Neste livro trouxemos o **modelo híbrido** como conceito e método de execução de projetos que nos permite, simultaneamente, obter melhoria de eficiência e introdução de inovações com agilidade. Os benefícios dessa abordagem são vários:

- Atendimento ao mundo VUCA/BANI.
- Agilidade em implementar ações e obtenção de ganhos.
- Flexibilidade nos projetos.
- Equipes ambidestras (inovação e eficiência).
- Ganhos maiores e mais rápidos.

12.1. O cenário atual: inovação e renovação

Várias vezes neste livro comentamos a velocidade de mudanças cada vez maior no mundo VUCA/BANI e como necessitamos, dentre outras coisas, de flexibilidade e capacidade de inovar e até renovar. Sim, precisamos inovar e fazer o novo muitas vezes. Precisamos inovar a inovação. Fazer novo o que existe hoje, de forma a nos adequarmos às novas condições existentes, mas também fazer o novo para que ele traga novas condições.

Hoje não é possível somente aumentar eficiência dos mesmos processos para fazer frente às mudanças do mundo. Os processos necessitam ser renovados ou inovados.

A eficiência é essencial, porém está longe de ser a única solução. A eficiência em todos os processos é algo chave, até mesmo para que uma inovação ou renovação possam ser eficazes, ou seja, atingir seu objetivo.

Isso exemplifica o que dissemos até aqui neste livro: a eficiência e a inovação têm de estar juntas, em uma simbiose produtiva. Mas isso também ilustra outro ponto muito relevante: a necessidade de sermos ágeis e flexíveis.

Inovação, eficiência e agilidade, todas juntas em um modelo completo, trazem as características de adaptabilidade necessária para atender às demandas do mundo atual. Esse é o **modelo híbrido**, que utiliza "metodologias" integradas como estratégia para alcançar a tríade inovação, eficiência e agilidade. A aplicação desse modelo torna as pessoas "ambidestras" e, consequentemente, conduz as suas organizações na trilha de serem ambidestras também.

Será que obter resultados focando em inovação, eficiência e agilidade ao mesmo tempo é mera conjectura? Será que vemos resultados disso atualmente? Bem, basta observar a mudança que tem ocorrido no *ranking* das empresas com maior valor de mercado nos últimos anos. Quem diria que Apple, Amazon, Alphabet ou Tesla não são inovadoras? Mas seria possível elas se manterem em destaque positivo nesse *ranking* se não tivessem eficiência ou se não fossem ágeis? Certamente, trabalhar em todos esses quesitos tem sido essencial para essas empresas.

Tomemos como exemplo a Tesla, uma empresa inovadora que sofreu muito com a sua linha de produção ineficiente em 2017 e 2018. Em 2020 a empresa bateu seu recorde de produção, o que suportou um recorde de vendas em plena pandemia. Assim, a Tesla se tornou, em 2020, a automotiva com maior valor de mercado, muito acima da Toyota e mais que três vezes o valor combinado de General Motors e Ford. Certamente, esses números irão variar ao longo do tempo, pois são foto do momento atual, mas isso nos ensina algumas coisas:

> - Inovação sem sustentação de eficiência é inovação sem futuro.
> - Trabalhar para obter eficiência cada vez mais elevada, porém em um processo de algo que caminha para a obsolescência ou já chegou lá, é um desperdício.
> - Inovação e eficiência alcançados de maneira tardia, sem agilidade, pode ser fatal.

A Tesla alcançou seu resultado atual por trazer, com eficiência, produtos inovadores com a agilidade necessária. Os aspectos de inovação, eficiência e agilidade tiveram de ser conciliados e devem se manter dessa forma para que o crescimento de valor, ou pelo menos a manutenção dele, seja contínuo. Caso algum desses aspectos venha a ser deixado de lado, outra automotiva se destacará em seu lugar. Assim, inovação, eficiência e agilidade são interdependentes e devem coexistir simultaneamente, exatamente como ocorre no modelo híbrido.

Conseguimos imaginar o quanto necessitaremos de inovações para questões de sobrevivência na Terra e fora dela nas próximas décadas?

Veremos surgir novas empresas em mercados com um potencial muito grande de crescimento no futuro, como a área aeroespacial. Esse mercado abre oportunidades apenas para fabricantes de foguetes? Não. É muito mais do isso. Empresas que fabricam qualquer artefato ou material que possa vir a ser utilizado em naves e bases aeroespaciais, como propulsores, metais especiais, sensores, isolantes térmicos, roupas, sistemas de comunicação, sistemas de controle, alimentos, geradores de energia etc., terão destaque. Também surge o turismo aeroespacial e tudo o que envolverá estabelecer uma base humana em um outro planeta.

Mas aqui mesmo na Terra a inovação será essencial: geração e distribuição de energia e alimentos necessitam de novos paradigmas, comunicação em velocidades mais elevadas (5G será somente o início), eventos climáticos que necessitarão ser previstos e atenuados com maior frequência e precisão, elevação dos mares que pode afetar milhões de pessoas, novas pandemias que necessitarão de novas vacinas, criptomoedas cada vez mais fortes que exigirão novos modelos econômico-financeiros etc.

A necessidade de inovações é enorme. Ao chegarmos próximos da exaustão do modelo industrial, energético e tecnológico estabelecido desde o final do século XIX e início do XXI, temos de ir para uma nova curva de crescimento mundial.

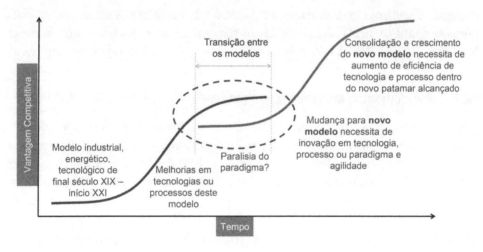

O salto da curva de crescimento (típica curva "s") atual para uma nova exige:

> **Inovação:** esse é o cerne da mudança para uma nova curva – a existência de novos sistemas, processos, produtos, serviços etc.
> **Eficiência:** sem ela não há sustentabilidade de crescimento na nova curva "S" e inicia-se o declínio.

> **Agilidade:** sem ela, o "salto" para a nova curva S pode demorar, perpetuando o modelo atual até seu declínio, criando um hiato maior para iniciar a nova curva e gerando grande perda de oportunidades.

A situação econômica e social mundial, fortemente impactada pela pandemia, potencializou ainda mais a necessidade de mudança de paradigmas globais (energéticos, industriais, tecnológicos etc.), o que abre uma ampla gama de oportunidades e/ou riscos, dependendo da atuação e forma de enxergar de cada indivíduo e organização.

As mudanças se aceleram: empresas mudam de países, moedas se fortalecem, criptomoedas disparam, sociedades financeiras e bancárias 100% digitais passam a ter maior valor de mercado do que as presenciais etc.

Organizações que estiverem no modelo antigo, trabalhando com foco em inovação sem atentar para a eficiência ou vice-versa, ou sem agilidade, não estarão preparadas para essa nova ordem mundial. Agora é o momento de fazer a transição para um modelo de gestão que privilegie a coexistência integrada desses três quesitos.

12.2. Modelo híbrido: ajustado ao cenário mundial

Até aqui, discutimos na teoria como o modelo híbrido se ajusta ao cenário mundial, presente e futuro – mas e na prática? Quais são os resultados que temos obtido por utilizar esse modelo? Vamos falar sobre a nossa experiência com o uso do modelo híbrido.

12.2.1. Flexibilidade, agilidade e ganhos

Temos observado que, conforme esperado, com a entrega de resultados a cada etapa do DMAIC híbrido, os ganhos têm sido maiores ao longo do projeto, pois desde mais cedo já se aferem resultados, e algo próximo a 30% dos projetos foram concluídos antes do previsto, uma vez que os objetivos também foram alcançados ou ultrapassados antes do inicialmente previsto.

Alguém pode pensar: "então esses projetos não foram bem definidos no início!". Na realidade, esse não é o caso, pois esses projetos, em um DMAIC tradicional, normalmente trariam seus resultados somente depois da fase do **Improve** e seriam encerrados após o **Control**, isso após um certo número de meses do início. Mas os projetos mencionados, ao utilizarem um DMAIC híbrido, tiveram os ganhos ou objetivos alcançados antecipadamente em fases anteriores à do **Improve**. Assim, temos observado projetos concluídos com redução de tempo de entrega comparativamente ao que ocorreria se tivessem utilizado um DMAIC tradicional.

Também temos observado em aproximadamente 40% dos projetos no modelo híbrido ganhos adicionais devido ao fato de ocorrerem mais entregas finais do que o inicialmente previsto no *canvas*. Novamente, alguém pode dizer que o projeto deve ter sido mal planejado no início. Mas notamos que a entrega mais ágil de resultados dá oportunidade aos grupos de projetos de fazer novas implementações ainda dentro do prazo que possuem para a entrega final.

Vemos ainda que a introdução de inovações, estimulada pelo uso de ferramentas do *Design Thinking* no modelo híbrido, tem trazido o surgimento de soluções e entregas não visualizadas no início do projeto e que, assim, acabam por ser adicionais àquelas já previstas.

Observamos que 100% dos projetos com utilização do modelo híbrido trazem ganhos (financeiros ou não) relacionados tanto com eficiência como com inovações (evolutivas ou disruptivas). As melhorias oriundas por inovações fazem com que os ganhos sejam maiores em comparação com projetos de um DMAIC tradicional, que, por não terem as inovações como alvo, por padrão acabam não sendo identificadas e implantadas.

O modelo híbrido é indicado quando se verifica a existência de oportunidades de aumento de eficiência e inovação ao mesmo tempo, identificadas pela análise da matriz de seleção de metodologias. Nesses casos, uma única metodologia com foco em eficiência ou inovação traz ganhos parciais em comparação com o potencial total numa abordagem ambidestra.

Temos observado como, através do modelo híbrido, há uma aceleração de ganhos causada pela potencialização conjunta da tríade eficiência, inovação e agilidade. Por isso, a figura a seguir conceitua bem o que ocorre nesse modelo.

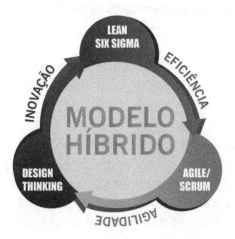

O modelo híbrido integra as disciplinas que necessitamos utilizar para migrarmos à nova curva "S" que sustente a evolução da nossa sociedade. Os resultados das organizações que têm aderido a esse modelo nos mostram como essa abordagem traz vantagens agora e certamente para o futuro. É o próximo tema para explorarmos.

12.2.2. Experiência atual

Empresas das áreas de varejo, alimentos, bancos, serviços em geral, indústria de informática, escritórios jurídicos, comunicação etc. têm se beneficiado com o uso do modelo híbrido.

É interessante notar como muitas organizações, antes de adotar o modelo híbrido, estavam focadas também em eficiência, inovação ou agilidade e faziam isso com o uso de metodologias corretas, porém de forma desconectada, sem um modelo integrador que gerasse sinergia. Não é incomum encontrar empresas com áreas e programas distintos para cada um desses quesitos. Áreas que são quase "rivais" devido a objetivos conflitantes. Equipes separadas que chegam até a imaginar que estão trabalhando em rede, mas não vão além das paredes de seus próprios silos.

Com o uso do modelo híbrido vemos organizações quebrarem barreiras entre áreas e conceitos. Mais do que promover sinergia entre as áreas de inovação e de eficiência, o uso do modelo híbrido tem promovido a existência de uma visão ambidestra por toda a empresa. Deixam de existir os seguidores de uma metodologia como se ela fosse uma verdade absoluta ou uma panaceia que serve para curar todos os males. Todos passam a compartilhar conceitos e utilizar o que é mais apropriado em cada momento. Surge uma espiral de conhecimento quando vemos se formar uma verdadeira rede de pessoas que aportam umas às outras conceitos complementares, o que leva a conclusões mais abrangentes.

Tem sido uma oportunidade gratificante participar desse momento de transformação e ver crescimento exponencial de resultados devido à agilidade de inovações sustentáveis, alicerçadas em eficiência.

Uma grande atenção deve ser dada a como abordar a integração dos esforços de inovação, eficiência e agilidade dentro de uma organização, pois não se deseja descartar o que foi efetuado até agora por uma área de eficiência ou de inovação ou de métodos ágeis, mas, sim, aproveitar ao máximo o potencial conjunto dessas áreas e conceitos. Às vezes os líderes de algumas áreas ficam reticentes quanto ao que ocorrerá, mas, quando se dão conta do ganho de um trabalho ambidestro ágil, se engajam e promovem um forte impacto positivo na organização.

Vamos nos aprofundar nessas questões culturais...

12.2.3. Re-skilling e mudança cultural (mindset)

No início dos anos 2000 alguns autores começaram a propor a junção do Lean e do Six Sigma (já abordamos isso neste livro) pelas óbvias vantagens que isso traria: se alinhariam à busca de qualidade e produtividade, entre outros benefícios. Mas a resistência não foi pequena, especialmente por parte dos especialistas de cada metodologia. Eles viam e entendiam os benefícios, porém sonhavam manter-se nos seus silos e castelos, sem mudanças.

E alguns líderes de melhorias esperavam que nada mudasse no padrão de aplicação dessas metodologias, o que chega a ser curioso e até incoerente, pois como alguém pode ser um agente promotor de mudanças e ao mesmo tempo resistir em melhorar o método que utiliza? Tudo deve evoluir, inclusive as metodologias. E por diversas vezes as evoluções ocorridas em "metodologias" foram fusões, rearranjos e/ou incorporações de ferramentas. Isso ocorreu com o PDCA, CEP, 5S, TPM, A3, Lean, Six Sigma, diversos "métodos" de gestão de projetos etc. Ao longo do tempo alguns foram agregados uns aos outros ou aperfeiçoados; enfim, evoluíram.

Essas "melhorias" em métodos podem gerar incômodos, críticas, ansiedade, frustração, rejeição e diversos outros sentimentos negativos naqueles que desejam acreditar que o seu mundo ficará imutável. Infelizmente, esses ainda não se deram conta de que o mundo VUCA/BANI existe para todos. Pessoas com essa postura precisam ser ajudadas a enxergar que as mudanças ocorrem também no seu padrão de trabalho.

Se é inevitável a mudança para uma nova curva "S" do modelo de crescimento da sociedade humana em todas as suas frentes (economia, energia, tecnologia etc.), então os métodos também devem evoluir e se adaptar para que habilitem seus usuários a fazer a transição para a nova curva "S", tornando-se naturalmente ambidestros na ação de promover melhorias pela inovação, eficiência e agilidade. Se estamos em transição para uma nova curva de modelo de atividades da sociedade humana, então estamos também em transição para novas metodologias mais adequadas e adaptadas a essa realidade mutante.

A curva de modelo de maturidade ilustra muito bem o uso de metodologias ao longo do tempo: introdução, crescimento do uso, maturidade e declínio ou reinvenção, o que nos dá uma outra perspectiva quando se inicia uma nova curva "S".

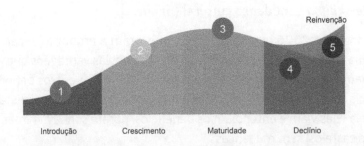

Modelo de Maturidade

Estamos em uma etapa na qual o profissional responsável por trazer melhorias ou inovações não pode mais dominar apenas um único método, seja ele *Lean* Six Sigma, *Design Thinking* ou *Scrum*. Isso não é mais suficiente. É necessário conhecimento mais sistêmico e que integre diversas disciplinas: inovação, eficiência e agilidade (ou flexibilidade). Um profissional muito capacitado somente em uma dessas disciplinas se tornará obsoleto. Um outro com qualificação híbrida ou ambidestra trará resultados mais impactantes, mais sustentáveis e com maior agilidade.

O modelo híbrido busca promover exatamente o alcance dessa nova qualificação ambidestra ágil ao profissional. As organizações que se destacam no cenário mundial são as que desenvolveram competências e cultura ambidestras. Aquelas que estão aferradas a especialmente uma única dessas disciplinas (inovação, eficiência ou agilidade) sucumbem, e vimos vários exemplos disso nas últimas décadas.

Startups proliferaram e algumas com imenso sucesso, mas para isso necessitaram dessas três disciplinas para crescerem, serem sustentáveis e ágeis/flexíveis. Porém, diversas *startups* sofreram dos males do seu próprio crescimento e então se deram conta de que lhes faltava eficiência em seus processos: os negócios cresceram e os problemas não tratados geraram outros.

Isso nos mostra a necessidade de um *re-skilling* daquelas pessoas que já dominam uma dessas disciplinas. Os que verdadeiramente almejam evolução se adaptarão mais rapidamente e absorverão os conhecimentos relativos à(s) disciplina(s) que desconhecem. Já os que têm a evolução como algo que serve somente para os demais tomarão mais tempo em sua adaptação.

No exemplo do *Lean* Six Sigma, as organizações promoveram a recapacitação de suas pessoas-chave. Essa adaptação promoveu um ganho de conhecimento e novas oportunidades para esses indivíduos e as organizações, com muitos resultados positivos. A integração do *Lean* Six Sigma foi tão plena que atualmente não há questionamentos relevantes sobre isso.

O mesmo se vê como perspectiva em relação ao uso de metodologias integradas para obtenção e suporte para a inovação, eficiência e agilidade. Isso é evidenciado pelo movimento existente em diversas organizações no qual pelo menos duas dessas disciplinas começam a ser trabalhadas em conjunto: ou inovação e agilidade ou eficiência e agilidade ou inovação e eficiência.

As organizações têm buscado ampliar a capacitação dos seus especialistas em mais metodologias. Algumas trazem uma nova capacitação para os que já tinham uma especialidade, outras têm capacitado grupos diferentes de pessoas em metodologias distintas e até chegam a estabelecer áreas que atuam de forma independente e desconectada na implementação dessas disciplinas.

Algumas abordagens criam mais dificuldades futuras para agregar uma nova disciplina às demais existentes. Por exemplo, uma organização monta dois grupos distintos de pessoas: um para trabalhar com o conceito da eficiência (utilizando *Lean* Six Sigma) e um outro com o conceito da inovação (utilizando o *Design Thinking*). Se nessa organização depois se pretender agregar a ideia da agilidade (com ágil/*Scrum*), qual das equipes será treinada? Talvez ambas? E se for somente uma delas, qual será o impacto sobre a outra equipe? Ou será que estabelecerão uma equipe separada para tratar "projetos ágeis", uma terceira entidade de melhoria dentro da organização?

Certamente conseguimos enxergar diversas dificuldades, ineficiências e até ineficácias em qualquer das abordagens sugeridas no exemplo do parágrafo anterior. A abordagem sistêmica das três definições se mostra a mais eficiente e eficaz. O que é essa abordagem sistêmica?

A integração completa dos três conceitos por toda a empresa é a utopia final dessa abordagem sistêmica. E a "integração" dessas culturas não significa somente que todas elas serão utilizadas isoladamente, ora uma ora a outra. Integrar significa que elas são consideradas em conjunto, como um sistema único. Assim como um sistema do corpo humano, por exemplo, o sistema digestivo é composto de diversos órgãos, cada um com sua especificidade, porém interligados, todos com um objetivo em comum e um apoiando o outro com suas atividades.

Como ilustração, podemos dirigir um carro para ir até um destino e vamos fazer uso do volante, do pedal de freio, do acelerador, do câmbio etc. – consideraremos todos esses itens dentro de um mesmo contexto e utilizaremos o que e quando for necessário. Da mesma maneira, queremos dirigir um projeto para chegar até um objetivo e podemos fazer uso de ferramentas e metodologias de inovação, eficiência e agilidade ao longo do percurso como e quando forem necessárias. Se existe oportunidade para o uso dessas três disciplinas em um projeto e utilizamos somente uma ou duas delas, seria como dirigir um carro e somente utilizar alguns dos itens disponíveis –o que seria no mínimo não eficiente, talvez até desastroso.

O uso sistêmico ou integrado dos três conceitos em um projeto envolve a habilidade de discernir entre as diversas ferramentas e metodologias relacionadas com eles, bem como o que, quando, como e quanto deve ser utilizada cada uma delas e fazer isso de maneira conjunta, entendendo todo o cenário envolvido.

Mas o caminho para isso se inicia com pessoas que ao mesmo tempo têm todas essas habilidades, pessoas ambidestras (inovação e eficiência) com habilitação ágil. Essa capacitação sistêmica é diferente de ter o treinamento em cada uma das metodologias separadamente.

Vamos voltar ao exemplo do carro. Alguém que quer aprender a dirigir deve saber como utilizar o volante, o pedal de freio, o acelerador, o câmbio etc. de maneira conjunta. Se as aulas práticas fossem somente de volante, depois somente de freio, depois somente de acelerador e assim por diante, será que depois poderíamos acreditar que essa pessoa conseguiria conduzir um carro? Claro que não. As aulas práticas envolvem o uso conjunto de todos esses itens.

Da mesma forma, as pessoas devem ser capacitadas a integrar as três ideias, a trabalhar essas disciplinas em conjunto. Por exemplo, é imensamente comum uma pessoa que é treinada em *Lean* Six Sigma e em *Design Thinking* não saber como pode utilizar ambas as metodologias em um mesmo projeto. A grande maioria dos capacitados nessas metodologias as vê como coisas distintas, separadas, não enxerga como integrá-las dentro de um mesmo projeto. Por exemplo: qual sequência seguir na condução do projeto no caso dessa integração?

É exatamente nisso que o modelo híbrido traz um grande aporte: as pessoas são treinadas com uma visão conjunta e integrada de suas metodologias (*Design Thinking*, *Lean* Six Sigma e ágil/*Scrum*). Ou seja, a capacitação no modelo híbrido permite que a pessoa saiba quais metodologias deve aplicar, quanto, como e quando. Essa capacitação se inicia com uma visão geral das metodologias, como selecioná-las e depois o uso sistêmico integrado delas dentro de um projeto.

Por passar a sempre ter em consideração inovação, eficiência e agilidade ao lidar com as oportunidades de melhoria, começamos a enxergá-las de maneira mais ampla, atuar de forma distinta da atual e obtemos mais resultados. Tudo isso passa a gerar novas crenças e transforma a cultura.

Organizações que desejem ser ambidestras e ágeis, com plenitude e estrutura simultânea (vide Capítulo 4), devem fazer um plano de gestão da mudança cultural contemplando suas etapas de implantação. Esse plano pode ter diversos formatos e passos distintos de acordo com o modelo de gestão de mudanças que a organização decida utilizar. Porém, basicamente, sempre teremos momentos de capacitação das pessoas, aplicação do aprendizado (ou aprendizado pela aplicação), obtenção e exposição de resultados. O modelo híbrido suporta essa mudança cultural em todas as suas etapas, sendo um grande alavancador da mudança na cultura organizacional requerida para uma competência ambidestra.

Mas e se uma organização capacitar tanto os seus colaboradores e eles se forem? Veja no próximo subtópico.

12.2.4. Desenvolvimento e retenção de talentos

Essa é uma preocupação típica que se escuta no mercado: podemos treinar tão bem nossos colaboradores e eles irem ajudar a concorrência. Ainda temos aquelas três frases de sucesso sobre isso:

> ➢ "Só há uma coisa pior do que formar colaboradores e eles partirem: é não os formar e eles permanecerem" – Henry Ford (Ford)
> ➢ "Se você acredita que treinamento é caro, experimente a ignorância" – Derek Bok (ex-reitor Harvard)
> ➢ "Capacite bem os seus colaboradores para que eles possam partir. Trate-os bem para que prefiram ficar" – Richard Branson (Virgin)

Ou seja, deixar de capacitar as pessoas não é a forma de ter resultados efetivos, sustentáveis e crescentes. O custo da não capacitação dos colaboradores vai muito além do valor monetário para capacitá-los. A capacitação, do ponto de vista financeiro, deve ser encarada como investimento – e o retorno sobre o investimento seria a métrica a considerar. Falar isso parece algo óbvio, porém a aplicação desse conceito nem sempre é vista.

A evolução do saber passa pela sequência de dados, informações, conhecimento, discernimento (ou *insight*) e sabedoria. Depois disso podem vir ainda estratégia e intuição. Mas isso não ocorre por acaso, e sim com investimento em pessoas. Se desejamos ter um time vencedor, temos que investir nele para identificar, desenvolver, reter ou obter talentos. Um time vencedor é feito por jogadores vencedores, ou seja, por pessoas de alta performance.

Sem dúvida, o termo "investir" em pessoas pode envolver muitas coisas, mas queremos focar aqui na necessidade de investir na capacitação. O mundo está mudando (VUCA/BANI), e, assim, a capacitação constante para lidar com os novos cenários é vital. Pessoas que receberam muita capacitação, em metodologias não suficientes ou desconectadas umas das outras, vão necessitar de nova capacitação. De fato, a capacitação leva à evolução do saber e isso leva a novas oportunidades e novas capacitações se farão necessárias.

O modelo híbrido traz às pessoas a oportunidade de capacitação em metodologias integradas relacionadas com inovação, eficiência e agilidade e adequadas à situação atual de mudança de cenário. Esse investimento está na direção da obtenção de uma organização se tornar ambidestra e ágil. Ela tanto conseguirá alcançar esse alvo quanto as suas pessoas estiverem capacitadas para isso.

12.3. Capacitação no modelo híbrido

A implantação de qualquer metodologia de excelência em uma organização passa por tópicos comuns que auxiliarão nas respostas ao 5W2H (O quê? Quando? Onde? Quem? Quanto? Como? Por quê?), como: planejamento, objetivos, seleção de áreas/projetos, seleção de pessoas etc. Esses itens devem ser tratados adequadamente para obter sucesso na implantação.

E certamente um dos aspectos cruciais de uma implantação envolve a capacitação das pessoas que utilizarão a nova metodologia em questão. Por isso vamos tratar sobre como as pessoas recebem capacitação no modelo híbrido através de treinamento concomitante com a condução de um projeto e *coaching* de consultores internos e/ou externos.

12.3.1. Treinamentos

Por facilidade de nomenclatura e por utilizar o *Lean* Six Sigma como um dos fundamentos metodológicos do modelo híbrido, os treinamentos para formação de diferentes níveis de especialistas são denominados como:

➤ *Yellow Belt* Híbrido
➤ *Green Belt* Híbrido
➤ *Black Belt* Híbrido
➤ *Master Black Belt* Híbrido

A diferença entre esses treinamentos está não no método, mas na quantidade e na profundidade das ferramentas utilizadas dentro do nível de cada uma dessas capacitações. Isso significa que em todos esses treinamentos o *Design Thinking*, o *Lean Six Sigma* e o ágil/*Scrum* serão ministrados de maneira integrada.

Podemos discriminar a capacitação no modelo híbrido em quatro grupos de conteúdo:

A. Visão geral das metodologias

Proporciona um claro entendimento das diversas "metodologias" existentes para inovação, eficiência e gestão de projetos. Isso inclui seus propósitos, como e quando utilizar com suas aplicações, benefícios e vantagens, totalmente sem vieses de preferência ou preconceitos. Essa etapa homogeneíza conceitos sobre as metodologias e demonstra como esses são a base de uma ferramenta analítica de seleção de metodologias.

B. Capacitação e *workshop* de elaboração do *canvas*

O *workshop* de elaboração do *canvas* permite a todos os participantes compreenderem o passo a passo do preenchimento do *canvas* de projetos, a relevância dessa etapa e como ela é crucial para a utilização da ferramenta de seleção de metodologias para esse projeto em questão. A existência desse *workshop* ainda proporciona a eliminação de um risco de falha na capacitação de uma pessoa: ela não possuir um projeto ou não estar claro o que se deseja desse projeto, ou ainda o projeto não ser relevante ou alinhado com as estratégias da organização ou a área em questão.

C. Capacitação na seleção de metodologias

O uso da ferramenta analítica de seleção de metodologias aplicadas ao projeto permite que a pessoa em treinamento passe a enxergar inovação, eficiência e agilidade de forma conjunta e consiga determinar, com a utilização de um artefato analítico, qual o melhor "balanço" no uso de metodologias para que o projeto possa chegar aos seus objetivos. É impressionante o crescimento conceitual em metodologias que é experimentado pelos participantes nessa etapa da capacitação. Os seus comentários evidenciam a motivação que eles passam a ter por compreenderem as razões e os propósitos de virem a utilizar determinadas metodologias. Isso é imensamente diferente de simplesmente se dizer para alguém que, de agora em diante, os seus projetos seguem a metodologia "x".

D. Método híbrido na condução de um projeto

O treinamento segue o modelo no qual haverá o uso integrado especialmente do *Lean* Six Sigma, *Design Thinking* e ágil/*Scrum* em todas as etapas do projeto. Como já mostrado nos capítulos anteriores, a estrutura no Modelo Híbrido utiliza a sequência do DMAIC com *Sprints* em cada etapa, por isso o treinamento segue a mesma sequência, com *cases* que são utilizados integralmente do início ao final do treinamento, como se a pessoa estivesse efetuando os projetos daqueles *cases*. Isso permite uma visualização contínua do uso do modelo híbrido, sem uma colcha de retalhos de ferramentas e exemplos que depois as pessoas não sabem como juntar na sequência correta ou os seus propósitos em um projeto.

Cada uma dessas etapas da capacitação tem a sua relevância na construção mental do novo *mindset* de inovação, eficiência e agilidade.

O uso de *cases* permite mostrar as dificuldades encontradas ao longo da execução de um projeto e como resolvê-las, o que não é possível fazer quando há módulos de treinamento com ferramentas desconectadas e exemplos que não estão relacionados uns com os outros. Esses *cases* seguem uma linha mestra de sequenciamento de conceitos, ideias, ferramentas, soluções e implantações ao longo do treinamento, o que permite aos participantes sempre se localizarem na "linha do tempo" do *case* (ou projeto) e entenderem claramente o porquê daquilo que está em discussão naquele momento durante todo o treinamento.

O treinamento é dividido em sessões com o objetivo de permitir que os conceitos aprendidos sejam logo aplicados na continuidade dos projetos reais, que estão em condução pelos treinandos, e, assim, proporcionar a internalização dos conhecimentos pela prática no mundo real. Ou seja, procura-se evitar sessões de cinco dias contínuos de treinamento, ou quatro ou mesmo três e depois de poucas semanas a repetição do ciclo. O treinamento é dividido em módulos de meio período que podem ser aplicados em conjunto até a quantidade de tempo para um ciclo de treinamento, porém sempre sem ter uma sequência grande de dias para evitar o desperdício de conhecimento advindo do modelo de muitos dias de treinamento em pouco espaço de tempo.

Esse modelo de dividir o treinamento em módulos de meio período facilita também que as capacitações de *Yellow Belt* Híbrido, *Green Belt* Híbrido, *Black Belt* Híbrido e *Master Black Belt* Híbrido possam ser obtidas por meio de adição de módulos de um nível para o outro, que se aprofundem nos conceitos de alguma ferramenta ou no aprendizado de novas metodologias. Os *cases* são ajustados em termos de escopo para que atendam aos diversos níveis de treinamentos dos *Belts*.

12.3.2. Coaching

O *coaching* de projetos é uma parte efetiva da capacitação de especialistas, pois alavanca a internalização dos conceitos aprendidos durante o treinamento e aplicados no desenvolvimento do projeto.

Quando a compreensão dos benefícios do uso de uma ferramenta ou de um conceito se dá pela resolução prática de um problema ou aproveitamento de uma oportunidade, a pessoa que fez uso da ferramenta ou do conceito incorpora esse conhecimento e experiência no seu modo de pensar criando um novo *mindset*, o que, por fim, é o objetivo desse treinamento: mudar paradigmas e padrões mentais com ferramentas e conceitos integrados que promovam inovação, eficiência e agilidade.

O *coaching* é a etapa final de sedimentação de conceitos, aplicação e uso de ferramentas. *Coachings* bem aplicados em um projeto bem elaborado convergem inequivocamente ao êxito. O sucesso, fundamentado em resultados, muda crenças e consolida a cultura de melhoria contínua.

Sem dúvida, uma sessão de *coaching* servirá para avaliar o avanço do projeto; porém, os *coachings* mais efetivos são os que auxiliam na identificação e compreensão da sequência de atividades e a relação causa e efeito na aplicação das ferramentas e dos métodos dentro das etapas do DMAIC.

Como era de se esperar, é muito comum encontrar líderes que ao longo da execução do seu projeto buscam utilizar mais os conceitos ou as ferramentas com que estejam mais familiarizados. O *coaching* traz à pessoa a experiência de enxergar outras oportunidades que seus paradigmas não lhe permitiam, o que potencializa a mudança de *mindset* proporcionada pelo modelo híbrido ao possibilitar que o projeto gere inovação, eficiência e agilidade ao mesmo tempo.

Uma vantagem dos *coachings* de projetos no modelo híbrido reside no seu pragmatismo em buscar benefícios práticos, aplicáveis, em vez de seguir apenas um *roadmap* de uso de ferramentas predeterminadas. Como vimos, o modelo híbrido utiliza também o ágil/*Scrum* para que a cada *Sprint* em cada etapa do DMAIC seja entregue algo de benefício tangível, por isso o *coaching* se fixa não somente nos meios utilizados, nas ferramentas, mas também nas entregas ao longo do projeto.

Os *coachings* em um mundo VUCA/BANI e com tantos recursos digitais também têm passado por mudanças nos seus formatos. Antigamente somente podiam ser presenciais, mas hoje, devido a muitos fatores, as organizações e as pessoas têm experimentado e utilizado com grande êxito as sessões de acompanhamento através de reuniões à distância. Temos observado diversos benefícios nesse modelo não presencial, como: cumprimento de horários de início e término, mais pessoas da rede do líder do projeto podem participar independentemente de sua localização, custos logísticos das sessões foram reduzidos, maior flexibilidade para horários das sessões, *hotline* para dúvidas etc.

Assim, as sessões de *coaching* voltadas para a experiência do *Belt* ao longo da execução do projeto concomitante com o treinamento têm se mostrado um elemento crucial na capacitação no modelo híbrido.

Porém, o que dizer dos consultores internos e externos envolvidos no *coaching* e no treinamento? Esse é um item à parte...

12.3.3. Consultores internos e externos

O nível de experimentação que os consultores possuem em uma determinada metodologia os habilitará para que possam efetuar treinamentos e sessões de *coachings*. Por isso, é muito comum que as organizações façam um uso inicial amplo de consultores externos quando vão implantar uma nova metodologia ou capacitar pessoas. Esses consultores externos poderão formar as primeiras turmas internas das quais sairão os futuros consultores internos, quando esses tiverem o nível de experimentação adequado para capacitar outros.

Desnecessário dizer que os consultores externos responsáveis por capacitar pessoas no modelo híbrido devem ter experiência no uso integrado de *Design Thinking*, *Lean Six Sigma* e *ágil/Scrum*. Consultores especializados no uso de apenas uma dessas metodologias, ou mesmo habilitados no uso separado de cada uma delas, não estarão habilitados com uma visão integrada e sistêmica do uso destas.

Ter consultores internos ou não é uma decisão da própria organização, porém observa-se que decidir tê-los guarda uma relação com o tamanho da organização e o número de pessoas a serem atendidas. Em organizações com grande quantidade de colaboradores, muitas vezes são estabelecidos alguns especialistas em uma determinada metodologia dedicados a auxiliar as pessoas e os negócios no dia a dia.

Às vezes alguns desses especialistas, ou consultores internos, também são utilizados para liderar treinamentos ou efetuar sessões de *coaching*, porém isso ocorre muito mais para permitir maior capacitação dos próprios especialistas por meio de maior oportunidade de experimentação deles.

Quanto maior a capacitação dos consultores internos, mais fácil será para eles absorverem o que os consultores externos lhes tragam de novas experiências. E aqui está um ponto-chave: os consultores internos estão focados para dentro da organização, como deve ser. Porém, isso não lhes permite acompanhar a velocidade das mudanças que ocorrem nas metodologias decorrentes do mundo VUCA/BANI. Por outro lado, os consultores externos estão mais voltados para acompanhar, assimilar e adaptar a dinâmica evolutiva das metodologias.

Consultores externos com o mesmo nível de experiência e domínio de metodologias de um consultor interno não trazem nenhum elemento novo à organização que os contrata. Acaba sendo investimento sem retorno. O mundo VUCA/BANI é implacável com os que fazem isso, já que consultores externos que entregam somente o que o consultor interno lhes pede, sem agregar nada a mais, estará fadado ao insucesso e à perda de clientes.

Talvez alguém se pergunte: caso o consultor externo não traga nada de novo, qual o problema? Bem, essa consultoria externa, então, na melhor das hipóteses, fornecerá de maneira eficiente o que lhe foi solicitado. Só que, conforme exaustivamente comentamos neste livro, trabalhar somente com eficiência não é suficiente para atender ao mundo VUCA/BANI. Queremos ser atendidos por um médico "passador de receitas" de remédios que desejamos tomar ou preferimos um que saiba nos examinar e propor um tratamento mais adequado à nossa situação, talvez até algum tratamento ou exame novo para nós? O consultor externo tem um papel similar ao do médico ao cuidar da "saúde" da organização dentro de uma perspectiva de gestão e excelência. Será que queremos um consultor que seja apenas passador da cotação de um remédio automedicado pela organização?

Isso nos mostra que o consultor, especialmente o externo, também deve se renovar, inovar, ser eficiente e ágil. O consultor externo com apenas uma visão metodológica ou somente em uma disciplina, seja inovação, eficiência ou agilidade, estará cada vez menos habilitado para atender à evolução das organizações e do mundo. Um pouco disso já comentamos no Capítulo 4, quando falamos sobre o profissional das áreas de excelência ou inovação.

12.4. Evolução mundial e organizacional e o modelo híbrido

Esperamos que este livro o tenha auxiliado no estabelecimento da visão do mundo VUCA/BANI no qual os indivíduos e organizações estão inseridos e são constantemente estimulados a mudar e evoluir. Esperamos também ter mostrado a importância e a necessidade da busca por inovação, eficiência e agilidade de maneira integrada como fator crítico de adaptação e sobrevivência nessa nova realidade. O modelo híbrido pode ser utilizado nesse cenário como alavanca para capacitação de pessoas e como um agente catalisador e indutor para uma organização ambidestra ágil e capaz de se adequar continuamente às transformações e mudanças nos paradigmas globais.

A curva "S" pode ser vista como um novo ciclo evolutivo da humanidade que requer um ferramental metodológico e conceitual diferenciado e adequado aos imensos desafios impostos nesse novo modelo mundial (VUCA/BANI).

Na figura a seguir buscamos representar os modelos metodológicos evolutivos alinhados às curvas "S":

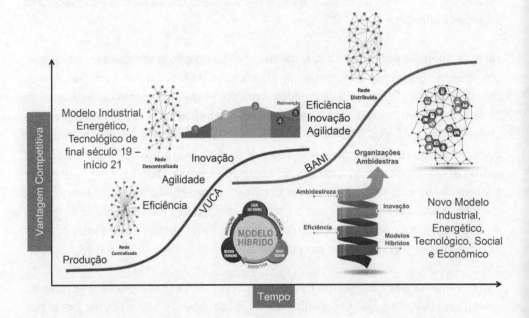

Temos visto o modelo híbrido auxiliar as pessoas e suas organizações na transição para esse novo ciclo evolutivo da curva "S", que lhes tem permitido trilhar o caminho de um novo patamar de gestão e competitividade. Os resultados alcançados têm mostrado que estamos na trilha certa e nos estimulam a avançarmos nessa jornada evolutiva com o modelo híbrido.

Desejamos que o conteúdo deste livro tenha estimulado reflexões para essa nova realidade. Que o modelo híbrido tenha apresentado caminhos e possibilidades metodológicas que auxiliem especialistas e gestores a desenhar estratégias eficazes na busca pela excelência nos seus processos e principalmente nos serviços e produtos ofertados por suas organizações.

Bibliografia

AXELOS. **Managing Successful Projects with PRINCE2®**. 6th.ed. 2017. Disponível em: <https://www.axelos.com/store/book/managing-successful-projects-with-prince2-2017>. Acesso em: 26 mar. 2021.

BERGAMO FILHO, Clovis (org.). **Ruptura no Modelo Tradicional das Empresas.** Rio de Janeiro: Brasport, 2019.

BERGAMO FILHO, Clovis; MANSUR, Ricardo. **Uma Evolução Silenciosa no Gerenciamento das Empresas com o Six Sigma**. Rio de Janeiro: Brasport, 2007.

BOX, George E. P.; HUNTER, J. Stuart; HUNTER, William G. **Statistics for Experimenters:** design, innovation, and discovery. 2nd.ed. Hoboken, NJ: Wiley, 2005.

BREYFOGLE III, Forrest W. **Implementing Six Sigma:** smarter solutions using statistical methods. Hoboken, NJ: John Wiley & Sons, 1999.

BROWN, Tim. **Design Thinking:** uma metodologia poderosa para decretar o fim das velhas ideias. Rio de Janeiro: Alta Books, 2018.

CAMARGO, Robson; RIBAS, Thomaz. **Gestão Ágil de Projetos:** as melhores soluções para suas necessidades. São Paulo: Saraiva Uni, 2019.

DUARTE, Luiz. **Scrum e Métodos Ágeis:** um guia prático. Gravataí: edição do autor, 2019.

FALCONI, Vicente. **Gerenciamento da Rotina:** do trabalho do dia a dia. 9.ed. Lima: INDG, 2013.

FINOCCHIO JÚNIOR, José. **Project Model Canvas.** Rio de Janeiro: Campus, 2013.

GEORGE, Michael L. et al. **The Lean Six Sigma Pocket Tool Book:** a quick reference guide to nearly 100 tools for improving quality and speed. New York: McGraw Hill, 2004.

GEORGE, Michael L. **Lean Seis Sigma para Serviços:** como utilizar a velocidade Lean e qualidade Seis Sigma para melhorar serviços e transações. Rio de Janeiro: Qualitymark, 2004.

GEORGE, Michael L. **Lean Six Sigma:** combining Six Sigma quality with Lean speed. New York: McGraw-Hill, 2002.

ISMAIL, Salim; MALONE, Michael S.; VAN GEEST, Yuri. **Organizações Exponenciais:** por que elas são 10 vezes mais rápidas e mais baratas que a sua (e o que fazer a respeito). Rio de Janeiro: Alta Books, 2018.

MCCHRYSTAL, Stanley A. et al. **Team of Teams:** new rules of engagement for a complex world. New York: Portfolio, 2015.

MONTGOMERY, Douglas C. **Design and Analysis of Experiments.** 10th.ed. Hoboken, NJ: Wiley, 2019.

MONTGOMERY, Douglas C. **Introduction to Statistical Quality Control.** 8th.ed. Hoboken, NJ: Wiley, 2020.

OHNO, Taiichi. **O Sistema Toyota de Produção:** além da produção em larga escala. Porto Alegre: Bookman, 1997.

PINHEIRO, Tenny. **Service Startup:** inovação e empreendedorismo através do Design Thinking. Rio de Janeiro: Alta Books, 2018.

PROJECT MANAGEMENTE INSTITUTE. **A Guide to the Project Management Body of Knowledge:** PMBOK Guide®. 7th.ed. Newtown Square, PA: PMI, 2021. Disponível em: <https://pmisp.org.br/pmbok-guide/>. Acesso em: 26 mar. 2021.

RICHARDS, Keith. **PRINCE2 Agile®.** 2015. Disponível em: <https://www.axelos.com/store/book/prince2-agile>. Acesso em: 26 mar. 2021.

RIES, Eric. **A Startup Enxuta:** como usar a inovação contínua para criar negócios radicalmente bem-sucedidos. Rio de Janeiro: Sextante, 2019.

ROTHER, Mike; SHOOK, John. **Aprendendo a Enxergar:** mapeando o fluxo de valor para agregar valor e eliminar o desperdício. São Paulo: Lean Institute Brasil, 2013.

SCHWABER, Ken; SUTHERLAND, Jeff. **Guia do Scrum:** um guia definitivo para o Scrum: as regras do jogo. Jul. 2013.

SHINGO, Shigeo. **O Sistema Toyota de Produção:** do ponto de vista da engenharia de produção. Porto Alegre: Bookman, 1996.

SNOWDEN, Dave et al. **Cynefin:** weaving sense-making into the fabric of our world. S.l.: Cognitive Edge, 2020.

STACEY, Ralph D.; MOWLES, Chris. **Strategic Management and Organisational Dynamics:** the challenge of complexity to ways of thinking about organisations. Harlow, UK: Pearson Education, 2016.

SUTHERLAND, Jeff; SUTHERLAND, J. J. **Scrum:** a arte de fazer o dobro do trabalho na metade do tempo. Rio de Janeiro: Sextante, 2019.

WHEELER, Donald J.; CHAMBERS, David S. **Understanding Statistical Process Control.** 2nd.ed. Knoxville, TN: SPC Press, 1992.

WOMACK, James P.; JONES, Daniel T. **A Mentalidade Enxuta nas Empresas:** Lean Thinking. Rio de Janeiro: Campus, 2004.

WOMACK, James P.; JONES, Daniel T.; ROOS, Daniel. **A máquina que mudou o mundo.** Rio de Janeiro: Campus, 2004.

ZABIEGALSKI, Eric. **The Rise of the Ambidextrous Organization:** the secret revolution happening right under your nose. S.l.: Business Research Consulting, 2019.

Currículo dos Autores

Adélio Pereira de Souza Junior
Efetuou treinamento de mais de mil *Master Black Belts*, *Black Belts* e *Green Belts* nos Estados Unidos, Europa e América Latina, em empresas de diferentes ramos (industrial e serviços), o que resultou em ganhos de mais de 800 milhões de dólares. Também liderou a implantação de processos de elaboração, desdobramento e gerenciamento de planejamento estratégico em diferentes empresas, resultando em mais de 200 novos projetos com ganhos acima de 200 milhões de dólares. Tornou-se reconhecido autor de artigos, coautor de livro e palestrante sobre metodologias de excelência de inovação.

Seu *background* é industrial, tendo gerenciado diversas áreas como Gerente de Planta, Produção, Processos, Qualidade, Engenharia, etc. Na Unicamp fez seus cursos de Engenharia Química e extensão em Engenharia de Qualidade; na FGV fez curso extensivo de Administração; nos EUA fez cursos de Estatística, *Lean* Six Sigma *Black Belt* e *Master Black Belt*, tendo recebido em 2005, 2006 e 2007 prêmios a nível mundial pela aplicação e pelos resultados de *Lean* Six Sigma.

Atuou em grandes multinacionais, tendo sido Diretor da América do Sul de *Enterprise Lean* Six Sigma em multinacional norte-americana e membro do Comitê Mundial de *Enterprise Lean* Six Sigma, função na qual foi responsável pela implantação de *Lean* Six Sigma e sua aplicação na elaboração, implantação e sustentabilidade das estratégias de negócios e riscos corporativos.

Clovis Bergamo Filho
CEO e *Founder* da Six Sigma Brasil em 2007, com mais de 12.000 associados no portal de conhecimento com a missão de agregar em uma comunidade brasileira todas as pessoas interessadas em discutir, compartilhar, fomentar conhecimento, aprimorar a aplicação das melhores práticas e integrar a utilização das metodologias com objetivo de redução no OPEX e objetividade de investimento do CAPEX. Atuou durante

20 anos como profissional da Xerox do Brasil, gerando um retorno significativo em projetos de produtividade (*Lean* Six Sigma). Coautor de dois livros: "Uma Evolução Silenciosa no Gerenciamento das Empresas com Six Sigma" e "Ruptura no modelo tradicional das empresas", ambos publicados pela Brasport.

Luis Oliveira
Estatístico formado pela Unicamp, pós-graduado em Administração de Empresas pela FGV. Certificado como Engenheiro da Qualidade – CQE pela ASQ, *Lead Assessor* ISO 9000, Examinador do Prêmio Nacional da Qualidade 1994, 2000, 2001 e 2004. Atuou na Ford/Visteon como Coordenador de Sistemas da Qualidade liderando os processos de certificação ISO 9000 e QS 9000, bem como na implantação do Q1 e *Total Quality Excellence*. Sólida experiência em projetos de certificação de normas como ISO 9000, VDA 6.1, EAQF, TL 9000, QS 9000 e ISO/TS 16949 em dezenas de empresas. Especialista no desenho e na implantação de programas de excelência organizacional baseados em metodologias como o *Lean* Six Sigma, métodos ágeis e *Design Thinking*. Capacitou e certificou centenas de especialistas como *Champions*, *Black Belts*, *Green Belts*, KPO, *Yellow Belt*. Formado como *Black Belt* no Brasil e como *Master Black Belt* e *Design for Six Sigma* nos EUA. Atua em consultoria na gestão estratégica, no desenvolvimento de plano estratégico, desdobramento de metas e gestão por diretriz em diversos segmentos e tamanhos de empresa. É Diretor da ÓTIMA Estratégia e Gestão.

Acompanhe a BRASPORT nas redes sociais e receba regularmente informações sobre atualizações, promoções e lançamentos.

 @Brasport

 /brasporteditora

 /editorabrasport

 /editoraBrasport

Sua sugestão será bem-vinda!

Envie uma mensagem para **marketing@brasport.com.br** informando se deseja receber nossas newsletters através do seu e-mail.

e-Book

50% mais barato que o livro impresso.

À venda nos sites das melhores livrarias.

+ de 200 Títulos